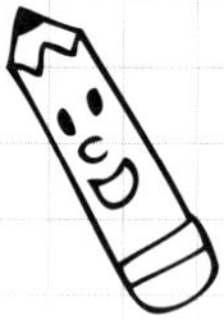

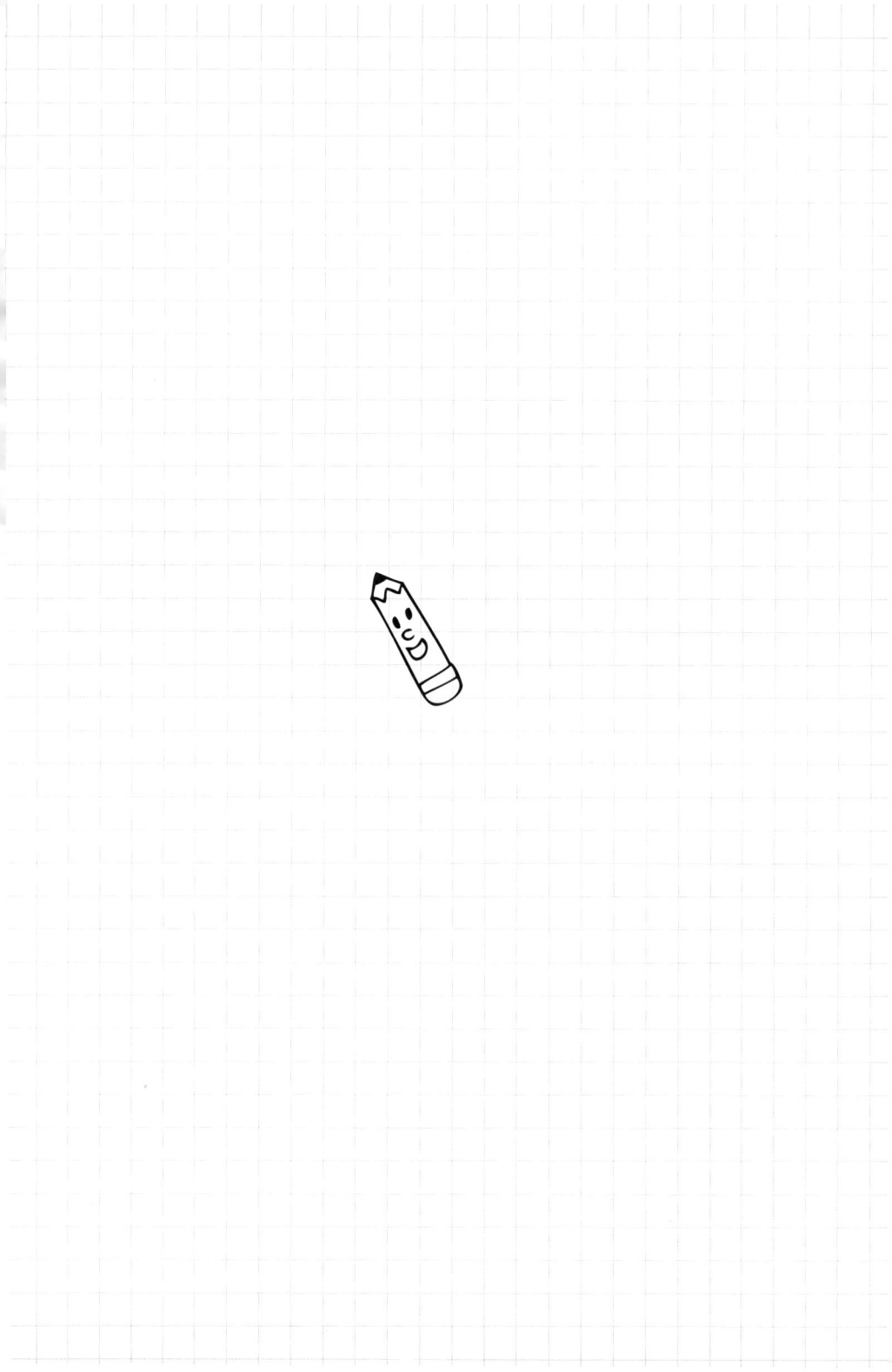

學霸筆記術

乙烯／著

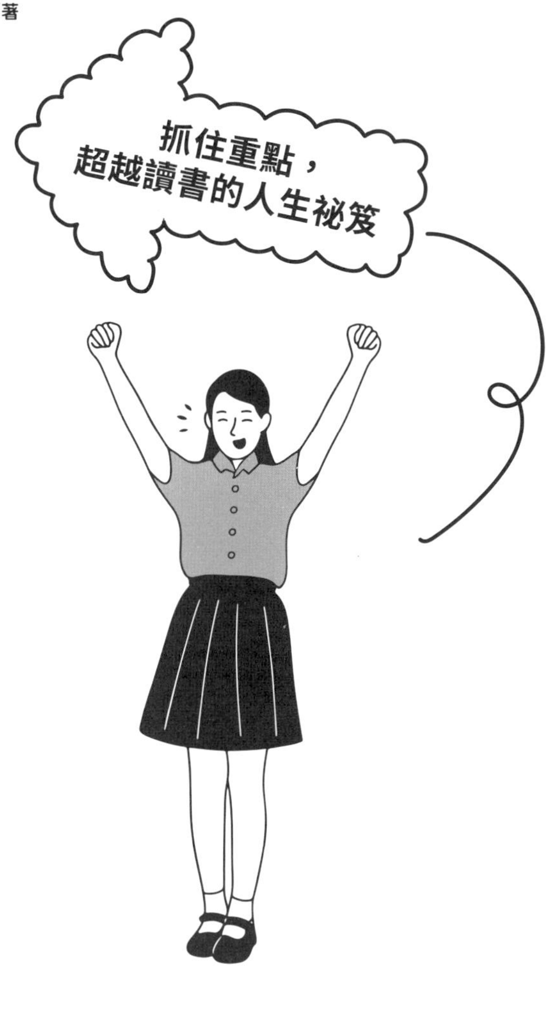
抓住重點，
超越讀書的人生祕笈

目錄

Part 1

你的學習動機是什麼？

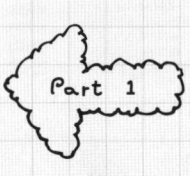

Part 2

訂立學習策略，改善學習模式

Part 3

用筆記寫下的學習

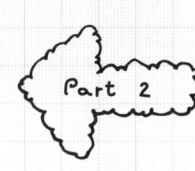

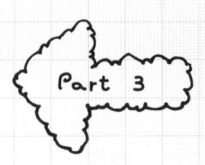

Part 4

我在少年少女身上看見的事

Part 5

自主學習，享受知識

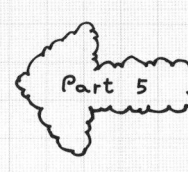

專業推薦

不覺得這本書就像是位好戰友在與你對話嗎？

乙烯呈現豐富的心理學實證資料與應用方式，同時真誠分享自己的脆弱和面臨過的挑戰，使得本書不僅是知識的傳遞，更是一種情感的連結和鼓勵。無論你是學生、工作者，或只是單純想學習新知的人，這本書將成為學習路上的好夥伴，給予實質的支持和溫暖。

——臨床心理師／吳家昀（加加）

每個人都需要找到屬於自己的讀書方法，乙烯以大姊姊的身分，告訴所有想要努力卻不知從何做起的同學們：「你們已經很棒了。」

學習本來應該就是有趣的事情，現實的各種壓力卻奪走了我們原有的那份快樂，但我們都可以找回起初的那份動力，你不用贏過任何人，只需要超越昨天的自己，乙烯不只是學霸，更是一個努力且有禮貌的好榜樣。

——心理師／王雅涵

作者序

你永遠有機會找到自己的亮點

寫書到出版，期間經歷了許多大大小小的事情，包含各種演講邀約、國科會計畫通過、參與史懷哲計畫、在ＴＦＴ的「夏季明日學校」計畫裡，與國小生互動……寫這段作者序的時候，我人在國衛院學習實驗技術。

很多人問我為什麼把日子活成像是一天有四十八小時，事實上，我也和大家一樣只有二十四小時，甚至也有偷懶的時候，時常感到挫敗、疲累，不過，我想說的是，其實我們都是在學習路上跌跌撞撞的人。

我並沒有特別厲害，之所以會寫這本書，是希望給予每一位在學習路上的夥伴一些力量，從我自己的經驗，到青少年們在成長路途的掙扎，每一個故事都可能是你我的人生縮影。

我也曾經在寫作過程中問自己「為什麼是我？」「我真的有資格寫這本書嗎？」後來我選擇先做再說，而在完成之後，我也找到寫這本書的目的——希望在學習路上迷惘的人能從中獲得力量。

我們永遠不會是最聰明的那個人，但這不代表我們不能對知識充滿好奇，不代表我們不能與他人分享經驗，你永遠有機會找到自己的亮點，也永遠有機會成為自己與他人生命中的光。

最後想告訴你一件事，這本書分享了很多學習方法，但希望你記得，沒有一套方法完全適合所有人，所以當你在學習，甚至是學習「如何學習」時，記得問問自己「為什麼」——為什麼要這樣做？為什麼這邊是重點？也許會帶領你找到自己的心法！讓我們一起成為學習的主人，翻開這本書踏上學習的道路吧！

前言

如何閱讀這本書？

首先，謝謝你願意翻開這本書。雖然不確定你是因為什麼而拿起這本書，也不確定你期待透過這本書獲得什麼，但希望它能帶給你一些力量，不論是學習心法提供的方向，或是故事裡每一位學生的經驗讓你有些共鳴。

在你開始讀這本書之前，我想先問一個問題：「你覺得自己是一位會『學習』的人嗎？」

就讀北一女中數資班時，老師曾對全班說：「你們考到第一志願的資優班，已經是很會考試的學生了。」但直至現在，我對自己的定位仍不是「會考試」的學生，而是「會學習」的學生。對我來說，「讀書」「考試」和「學習」的概念並不相同。曾有一位學長告訴我：「學習不限於讀書，因為我們可以從很多地方學習。」這也是我希望可以傳達給更多人的：**我們不一定要很會讀書，但不要放棄學習**。

我從上大學之後就開始與眾多青少年互動，也在與他們互動的過程中，提取自己過去求學經驗中的精華，完成了這本書。這是我的第一本著作，以一名學姊以及影響過上百位學子的講師身分寫給青少年，更以一個女兒的身分寫給家長。如果要用一個詞總結這本書，我認為是**「學習」**——學生學習如何提升動機、學得更好、如何享受學習，以及學習與自己的青春風暴相處；家長學習如何看見孩子的世界，可以從不同學子的故事汲取不一樣的經驗。

這本書包含五個篇章，分別是：〈你的學習動機是什麼？〉〈訂立學習策略，改善學習模式〉〈用筆記寫下的學習〉〈我在少年少女身上看見的事〉和〈自主學習，享受知識〉。

Part 1 和 Part 2 會和大家分享學習動機和學習策略，將我在心理學系所學到的與你們分享；Part 3 則是分享我的筆記方法，希望能幫助學弟妹思考和彙整資訊；Part 4 是我在教學路上碰到的學生故事（有經過改編和化名處理），呈現當代學子的困境與生命力，也希望能讓學弟妹與家長產生共鳴；最後一章將分享我如何做學習歷程與自主學習，以及享受接收知識與學習的心態。

在進入正文前，想先跟你分享怎麼閱讀這本書：

- 你可以自行決定閱讀的順序，可以從最有感的開始，也可以依照順序讀下去。
- 在閱讀前先快速翻閱一遍，大致了解哪篇的內容和自己比較有關。
- 可以跳過覺得跟自己無關的部分。
- 可以在旁邊寫下你的想法或是畫記，書中也有一些練習可以讓你實作。

準備好一起踏上學習之旅了嗎？讓我們一起淬煉出屬於自己的青春筆記！

Date / /

Part 1

你的學習動機是什麼？

從小就聽過「活到老，學到老」，但我們真的了解學習嗎？

我們不斷像海綿一樣吸收知識，卻忽略了「如何學習」的重要性。

在這一章節，我將融入自己的求學經驗，與你分享關於學習的大小事。

1 以愛驅動你的學習動機

「在怎樣的情況下，會讓你想學習呢？」在開始讀下面的內容之前，可以先想一想這個問題。

我在撰寫這本書時，曾在社群平臺問大家「什麼時候會讓你想要學習？」得到的答案大致可以分成以下兩類：

◉**外在動機**：競爭關係、擔心成績、考試快到了。
◉**內在動機**：有興趣的事情、對自己有幫助、想解答疑惑、自我成長。

除了這樣的分類方式，我認為學習動機還能用其他方式分類：

一，情感層面：趣味、使人感到好奇

人面對壓力時，想逃跑是很正常的反應，因為這是我們為了保護自己，而演化出來的機制。如果讀書對你而言，代表罰抄、罰寫、被罵，或是必須承受師長的緊迫盯人，就很有可能讓你產生不想讀書或是害怕學習的念頭，因為學習可能已經在不自覺中，與負面經驗連結了。

提升學習動機的一個要素就是**「喜歡」**，不論這份喜歡是源自成就感，或是單純覺得有趣，都會讓人更願意學習，並且持續探究。

二，價值意義感：學這個對我的幫助是什麼？

我很喜歡一位讀者的回覆，他說他想拍 Vlog，但因為手邊的素材都是片段式的影片，所以為了達成目標（剪片），開始學習剪輯軟體，對他而言，學習是有目標性的。

我認為「價值意義感」對我來說很重要，以我為例，當初決定學習心理學是希望能幫助自己用科學的方式了解人、能有一個助人或處遇的架構，每當我對學習感到疲倦時，就會重新回想學習對我的價值意義是什麼。

三，自我效能：「我能做到！」是很重要的動機

心理學有個經典實驗的內容是電擊小狗。當小狗被電擊時，牠會想逃跑、掙扎，但久了以後，當牠發現一切努力都無效時，就會放棄掙扎，這個現象稱為「習得性無助」。當我們感到無助、覺得怎麼努力都沒有用時，就很有可能會失去動力、放棄學習。

這個情境是不是很熟悉？想一想過去的求學經驗，我總覺得自己沒辦法學好數學，即使努力練習，也看不見進步的跡象，最後一點一點地消磨掉學習的動機。人對於太困難的事情容易放棄，因此建議可以在一開始設定稍微有挑戰性的目標，但也不要超過現有能力太多。

上面這三種動機，都屬於「**被愛所驅動**」，但事實上，人除了會被愛驅動，也會被「恐懼」逼著前進。害怕被罵、擔心考不好、不想對自己失望等，都屬

於「被恐懼所驅動」。

接下來我會和你分享上述幾個學習動機，希望能幫助你找到學習的動力。

2 「好奇」開啟一切，「滿足」驅動學習

你是喜歡問「為什麼」的人嗎？

我人生最喜歡數學的時期，是在國中二年級。那時我天天拿著小筆記本，一下思考芝諾的悖論，一下又想證明海龍公式——「為什麼會追不上烏龜？」「為什麼可以用這道公式？」每天都樂此不疲，即使一整天下來毫無進展也沒關係，當數學老師問我為什麼要這麼做的時候，我堅定地回答：「因為很有趣。」

可是這樣的樂趣卻在繁重的課業中一點一滴流逝，到了高中，我只求能解出講義上的習題、只求考試成績不要太差，問「為什麼」成為一件浪費時間的事情。

還有一件印象深刻的事情，我國一、國二的地理老師很有趣，他會用生動

的方式講課，也因此讓我的地理學得特別好。但到了國三，我們換了一位老師，有趣的課堂不見了，取而代之的是念課文、畫重點，而我的世界地理也成為弱項。

這兩個故事都有一個共通點：**「有趣」可以成爲學習的燃料**。也許大家過去的求學歷程，也曾遇到能引起對某科目有興趣的老師，但如果沒有遇到這樣的老師又該怎麼辦呢？難道就只能放棄嗎？答案當然是否定的。

高中時，我讀了《心流》這本書，作者米哈里・契克森米哈伊所提出的「心流」概念，是一種全神貫注、做一件事到忘我的狀態，以致忘記時間、忽略外界的狀況，甚至為此「廢寢忘食」，不會餓，也不想停下來休息。在這樣的經驗當中，我們能達到表現巔峰，感受到滿足和愉悅。

仔細回想自己的求學歷程，偶爾也會遇到這樣的情況，像是前面提到對數學的追求、讀心理學相關書籍讀到天黑卻沒發現，抑或寫報告寫到圖書館要閉館了卻還是停不下來，這些都是心流經驗的展現。

你可能會這麼說：「既然心流這麼好，那趕快告訴我該怎麼達到吧！」「難道心流是可遇不可求的嗎？」

首先，當挑戰的難度與我們的程度相近時，會比較容易達到心流。太容易達成的目標容易使人疲乏，太困難的事情讓人想直接投降，因此，稍微有一點挑戰性即可，讓自己還是可以擁有掌控感。

透過回想過去心流模式的經驗也對我們有所助益，或是在挑戰困難之前，先做一些能讓自己獲得成就感的事情，進入狀況後再開始挑戰，像我國中在準備會考時，會先寫完國文題目，為的是讓自己進入狀況，同時也培養一點信心，再開始挑戰對我而言較難的數學。

除了先讀擅長的科目之外，我還會做一份待辦事項清單，如此一來，便能視覺化成果，用明顯的線索告訴自己「我已經做了很多」，也像是打怪破關一樣，一步一腳印地前進。

我可以怎麼做？

一，列出待辦清單，完成後就一項一項劃掉，藉此獲得滿足感與成就感。

二，不要設定辦不到的目標，有耐心地了解自己的極限並調整期望。

3 「學這個有用嗎？」——談價值意義感

「學數學有用嗎？我買東西又用不到三角函數。」「我哪知道水平拋射會飛多遠！這又沒用！」這些話是不是很熟悉呢？我曾遇到一位在學習路途上碰到許多挫折的學生，就讀餐飲科的他，不只覺得學科無用，也懷疑為什麼需要學習這些內容。「客人看了一道菜的漂亮擺盤，最後還不是都會把盤子裡的東西吃下肚，那我們幹嘛還要學怎麼切水花片？」當時面對他的疑問，我啞口無言。是啊，為什麼我們要學習呢？

我問了熟識的學長，他說：「學習是為了擁有選擇。」這邊的選擇在狹義上來說，指的是選擇自己想去的學校、想要的工作，而非學校或公司選擇你；但廣義來說，是選擇自己想要的人生。我的意思並不是職業或學校決定你的一生，而是學習的好處並不只是選擇實質的東西，而是讓我們更有機會選擇相信自己，或是認識自己，如果沒有學習，就不會知道自己的潛力，也不會知道有什麼選擇。

我曾在一所國中演講時，問學生為什麼要讀書，得到的答案不外乎「想要賺大錢」「被逼的」「為了考上好學校」，也有孩子說「為了充實自己」，從這些回答可以看出學習的意義可能來自他人，也可能源於自己。

之前我在社群上發過一篇文章〈如何面對失敗，迎接成功心態？〉，內容是我讀了一篇論文後的整理，作者隆納·伯克（Ronald Berk）認為成功的元素之一是「恆毅力」，意思是對長期目標保有毅力和熱情，儘管面對巨大的挑戰以及多次的失敗，仍維持努力不懈的精神和高度的興趣。過去曾有份研究顯示，恆毅力與天賦無關，換言之，即使是智商不算頂尖的人，也有機會提升自己的恆毅力。

那該怎麼提升恆毅力呢？有幾個要素，分別是：

◉Interest：熱情的種子，愛自己所做的事

◉ **Practice**：找好老師，並努力精進自己
◉ **Purpose**：「為什麼做」比「做什麼」更重要
◉ **Hope**：可以克服所有挑戰的希望感

為什麼恆毅力很重要？

《恆毅力》作者安琪拉．達克沃斯提出了一組公式：

才華 × 努力 = 技能
技能 × 努力 = 成就

當你為才華付出努力，便能獲得技能；當你努力應用這項技能，就能取得成就。安琪拉．達克沃斯認為，恆毅力對一個人的成功來說，占了兩倍的比重。

其中，他認為各領域傑出人士的背後都有個「目的」在支撐他們，這些目的可以分為「自我導向」和「他人導向」，所謂「他人導向」指的是為了他人而做

出行動，像是怕被爸媽罵、希望獲得師長肯定；「自我導向」則是為了自己，像是想要充實自己或是不喜歡不努力的自己。從開篇學生的回答，就可以看出許多人都是以「他人導向」為目的。

　　而我們也可以根據「愛」和「恐懼」，把自我導向和他人導向的目的再行分類，就會畫出一個四象限圖。試著填入自己的學習意義，當你發現哪

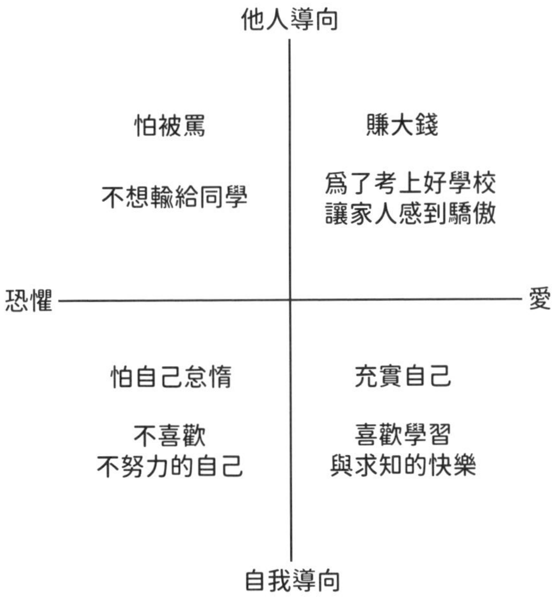

學習動機的四象限圖

個格子比較空，就多想想那部分，讓多一點目的支持你前進。

我可以怎麼做？

一，在開始讀書之前，思考自己讀書的目的。

二，不論是什麼樣的目的，請把它寫下來，貼在書桌前提醒自己。

4 「我做得到！我可以！」——自我效能感

某天我去學弟所主持的 Podcast 節目《學霸電力公司》錄音，當時他特別留了一段時間，要討論之前我發表過的一篇貼文〈給沒有自信的你〉。事實上，那篇貼文發布時，我正處於非常沒有自信的狀態，直到現在，我也還在努力讓自己成為一個更有自信的人。

自信的反義詞是什麼呢？在陳志恆心理師的《陪伴孩子高效學習》中提到，經歷學習創傷的孩子可能會感到無助（我沒有能力）、無望（我沒有可能）或是無價值（我不配），然而，自信心低落的人很可能不只在單一面向上有上述的情形，有可能因為自我否定，同時陷入無意義感、無價值感當中。

從心理學的角度來說，「自信」很貼近心理學家亞伯特・班度拉提出的「自我效能」，他認為每個人都有自我效能，也就是「相信自己可以完成某項任務或行為」的態度。既然每一個人都有自我效能，那為什麼還是有人的自信心會低落呢？或許在學習路上，你經歷過「再怎麼努力也沒用啊！我就是學不會」或是「我沒資格拿好成績」的過去，或曾被師長說「怎麼這麼笨，你這種學生不可能得獎啦」等經驗或評價，這些經歷常常是透過學習而來，無助、無望、無價值感阻礙學習，接著進入惡性循環——因為沒有努力的動力，所以成績一落千丈，於是更加否定自己、厭惡自己，進而導致對學習，甚至是其他事物都失去動機。就像在前文跟大家提到電擊小狗的習得性無助，即使我們沒有被電擊，仍在一次又一次的經驗中得到負面的回饋，最後放棄掙扎。

我最早體驗到這種無價值感與無助、無望，是在人際關係中受挫的時期。以下想以我的故事為例，讓大家了解「自信」的影響。

我從小學四年級開始就被班上同學排擠，一直持續到六年級畢業為止。在遭受排擠之前，我一直是個相當有自信的人，覺得自己很優秀，在班上的成績一直是名列前茅，既會畫畫、讀書，還能參加演講比賽。但事情在四年級後開始轉變，班上女同學開始孤立我，後來男同學也加入，從原本的竊竊私語，演變成動輒對我飆罵「去死」和各種髒話，雖然我一開始很不以為意，但時間久了，就越來越不想回班上上課，時常請公假練習演講。升上五年級後，導師跟母親說我有問題需要檢討，我才徹底崩潰，自此開始按照大人所說，開始自我檢討，從「是我不常待在班上」到「我就是個怪胎」，一天比一天更討厭自己。這個經歷導致我上國中後，對交友時常感到戒慎恐懼，無法信任他人，也沒辦法相信自己。到了高中之後，兒時引以為傲的優異成績不再，因而陷入嚴重的迷茫和無助，我開始不知道自己是誰、該往哪去。一道童年的創傷，就這樣影響我至今，且影響層面絕對不只在人際上，也影響了自我價值，進而在各方面都容易出現失去控制的感覺。

至於我上高中之後是怎麼找回自己、重新建立信心的呢？一開始，我也想用學業表現證明自己，但在人才濟濟的北一女中資優班，這樣的目標對我來說很困難，也在一次又一次的失敗中迷失自己。後來我開始看見自己在課業以外的長處，因此開始嘗試各種美術比賽，雖然一直到高三才得獎，但在每一次的挑戰中，我看見自己其實是個認真努力、敢於擁抱挑戰的人，而這樣的個性成為一項優勢，也成為我相信自己的根基。

從我的經歷來看，我認為信心其實很像幼苗，需要澆灌、養分和照料，但也很容易在還未穩固之前就被風風雨雨給吹倒，所以創造正向經驗是相當重要的核心。

在進入下一章節前，希望你先列出自己讀書的動力來源，並分析它們屬於哪一種動機。

我可以怎麼做？

一，踏出第一步，並開始嘗試，只有開始，才有機會獲得正向經驗。

二，你不用贏過任何人，只需要超越昨天的自己。

三，即使是看似失敗的成果，也一定能提煉出正向的意義，從這些意義去肯定自己吧！

5「如果不讀書，我就會輸……」——恐懼也能驅動學習？

不知道你有沒有「少一分，打一下」的經驗？我小學去上補習班時，寫錯一題成語就要被打一下，當時這項懲罰制度對於刺激學生學習還滿有效的，因為大家會因為不想被打、怕痛，而努力讀書。

當時也沒有想這麼多，畢竟讀書都來不及了，哪有時間思考這項規定為什麼有效，一直到後來接觸了心理學才真正了解原因，出自大一的普通心理學一定會講到的操作制約。當初的實驗是把一隻老鼠放進一只史金納箱中，如果老鼠按下壓桿，就會跑出食物，那牠就會增加按壓的頻率，這個過程稱為「正增強」；相對的，若某一動作會增加處罰，則會減少該行為的頻率，這也是為什麼我們小時候會這麼認真背成語了。

大學一年級時，系上教授這麼對我們說：「事實上，我覺得處罰只是讓孩子知道哪些事情不可以做，並沒有讓他們知道什麼是可行的，或是該怎麼達成，而這會因此讓他們感到無所適從。」也許我們在拿到滿江紅的考卷時，會因此感到羞愧和自責，知道不能不讀書；我們或許都不知道怎麼學習是比較好的，只知道「要讀書」，所以開始囫圇吞棗，當處罰機制消失後，這樣的學習動力也很容易不見，於是很多人的學習就停留在那時候。從此之後，「自主學習」對這些人而言成為天方夜譚。

事實上，並不是說不能被這樣的動機驅動，而是在恐懼與外在動機之外，我們是為了什麼而讀書呢？我大一的時候曾與一位系上學長聊天，我問他：「你覺得我是被愛還是被恐懼驅動而追求卓越？」他告訴我應該是「被恐懼驅動」，而當時的我確實也處在一個「害怕輸別人」「害怕失敗」的狀態。

恐懼常常是源於未知，因此，面對恐懼的時候，我習慣問自己「最糟的狀況是什麼？」「有多高的機率會發生？」以及「如果真的發生了，我能怎麼因應？」你會發現自己其實可以放下為恐懼的事情擔憂的部分心力，轉而享受其他內在動機帶來的快樂和滿足感。

被恐懼驅動也沒關係，所有的感覺、動機都沒有絕對的好或壞，只要自己能適應、駕馭的動機都是適合你的。但之所以會建議大家去尋找其他動力，是因為外在動機容易消失（例如，考差了就沒有被獎賞的興奮感）、恐懼容易使我們疲憊，因此才會希望大家可以想想其他可能性，而非完全依賴恐懼或是完全摒棄這些動機。

我可以怎麼做？

一，思考最差的情況。

二，被恐懼驅動也沒關係，但記得試著尋找其他支持自己的力量。

6 熱情是自律的唯一解方嗎？

熱情的英文是passion，源自拉丁文passio，意思是痛苦，顯見熱情與苦難兩者大有關聯。或許你聽過多巴胺，它能使我們振奮、充滿活力，換句話說，即使追夢之路充滿艱難險阻，多巴胺仍使我們享受追求過程的快感勝過成就感。

但熱情也不會像我們想像的那樣，一直如此耀眼，過多的熱情可能會造成我們過度受追求外在認可或成果，或是忽略其他重要事物，抑或身心俱疲、喪失樂趣，因此我們需要好好管理熱情，方式可以分為三大部分：

一，追求

還找不到自己的熱忱所在的話，請嘗試放低標準，從要求一定要完美契合的事項，到有興趣的事情都可以嘗試看看。

二，釐清

長期動機的要素是「勝任」「自主」與「關聯」。「勝任」指的是努力要有回報，能力要與時俱進；「自主」是指行為和價值觀的和諧（例如，若你的個人原則是助人，那行為也要遵守助人的原則）；關聯則是與他人建立良好的連結，可以透過以上準則去釐清自己真正的熱情所在。

三，修正

如果想要好好駕馭你的熱情，嘗試以下幾點：

- **內在驅動力**：找到內在動機，而非外在的掌聲或成就。
- **專注過程**：過程的作用是指引方向，因此設定好步驟後請專注於實踐，而非專注於目標。
- **放下完美**：以提升自我為目標，建立與熱情的終生關聯。

◉**長期收益**：短期的失敗並非絕路，用耐心接受短期失敗，以長期的獲益為目標。

◉**心在當下**：把注意力放在真正重要的事情上。

其實比起熱情，我認為**習慣**在自律中扮演更加重要的角色，熱情或許是啟動行為的燃料，但管理熱情、養成習慣才能走得長遠。

我可以怎麼做？

一，多方嘗試，培養熱情。

二，透過「勝任」「自主」與「關聯」原則，釐清這樣的熱情是否能長期支持自己。

三，修正態度以管理熱情。

Date / /

Part 2

訂立學習策略，改善學習模式

在明白學習動機之後，或許你釐清了自己想讀書的原因，或想透過學習來肯定自我。可是真的只要有滿腔熱血就夠了嗎？如果沒有找到學習策略，這把熱情之火其實很容易在受挫時熄滅，因此在這一章，我想和你分享關於學習的策略以及在學習時常碰到的問題，讓我們一起改善學習模式，在學習路上更加有方向。

1 注意力訓練營

「學姊，如果我一直分心怎麼辦？」「一讀書就忍不住想滑手機。」「我已經把手機鎖起來了，但腦中還是會不斷浮現大量的雜念。」這是我在自媒體上最常收到的問題。另一類的問題像是「讀書時可不可以聽音樂？」「讀書時可不可以一邊……」也反映出大家對注意力的疑問。

我們從小就聽爸媽說「不要分心」「讀書不要一心二用」，但面對很多誘惑，我們卻總是不自覺分心，這就讓我不禁想：「人到底能不能一心多用呢？」

大二時，在心理實驗法課堂上曾做過一項經典實驗：讓受試者做視覺、聽覺雙重作業，為的是探討人的心智資源是採用「瓶頸理論」所說，一次只能處理一個刺激，還是「資源共享假說」的一項資源讓兩個地方同時進行作業。當時班上做出來的結果不完全符合這兩項理論，但至少知道一件事：從雙重作業的反應時間延長這點來看，人確實很難一心多用，尤其是簡單的視、聽覺作業就足以搞得我們團團轉，更何況是複雜的知識學習呢？

知道無法一心多用之後，另一項困難又來了：「可是，我很容易分心，怎麼辦？」注意力資源有限的情況下，為了降低干擾，所以建議讀書時盡量讓手機離開視線範圍，研究顯示，光是把手機放在視線範圍內（就算是反面朝上，不會看到通知訊息），也會降低做事效率。

你可能會納悶：「控制自己不要滑不就好了嗎？」「一定要收起來嗎？」心理學中有個現象稱為「矛盾反彈效應」，意即當你越限制自己不能做某事時，就會越想去做，忍著忍著，意志力隨時間流逝而瓦解，反而會花更多時間滑手機。因此，建議大家還是把手機移開，無論是收到抽屜裡，或是放到別的房間裡，都是不錯的方法。

然而，並不是只有手機會干擾學習，曾有學生告訴我，光是一條橡皮筋就可以讓他分心！因此除了手機之外，建議大家也去觀察「什麼東西容易讓我分心？」並把這些東西從桌面上移除。

但，清空令人分心的物品之後，就可以一勞永逸了嗎？

事實上，我也曾聽學弟妹說：「就算把桌子清空了，腦子還是一團亂，會一直想東想西。」因此，除了移除桌面上的干擾物，**心理也需要大掃除**。例如，在思緒煩亂時，我通常會用書寫的方式抒發，所以建議大家在開始讀書前，先把擔心或是怕忘記的事情寫在一張白紙上，並放進抽屜裡，好讓自己可以集中注意力資源，把書讀完再去處理那些事情。除此之外，也可以用自己習慣的方式開始讀書前的儀式——如果較無讀書動力時，我會先進行一些放鬆練習，像是自我暗示放鬆訓練；在心浮氣躁的時候告訴自己：「三秒之後就要開始讀書。」避免自己一拖再拖；如果當天心情比較低落，我會在讀書前點一些精油或是使用香氛蠟燭，讓心情恢復平穩，喝一點溫水之後就開始讀書。對我來說，建立讀書前的儀式感，其實也是一種暗示，告訴自己完成這些事情之後，就要開始讀書，達到一種暗示、喚起習慣的效果。

我可以怎麼做？

一，依據個人習慣布置書桌。

二，準備空白廢紙先記下煩惱的事，讀完書再處理。

三，建立自己讀書儀式感，不論是簡單的倒數暗示，或是倒水、綁頭髮都可以。

2 意志力是你的超能力

「你如何做到長時間讀書的？不會累嗎？」我常常收到這樣的問題。事實上，我會累、會倦怠，而且有時候倒也不是考差或受挫，但就是沒有讀書的感覺。如果你對這種感覺不陌生，通常下一步是不是「休息一下好了」？然後一天、兩天過去，等到要重拾書本時，發現一切變得好陌生？當我們隔了好久沒讀書、再次下定決心要開始時，就會比原本難上好幾倍，之前那些熟悉的感覺都消失，讓讀書這件事變得更加辛苦了。

究竟我是怎麼度過那些「很不想讀書」的時刻呢？通常我會在內心告訴自己：「先嘗試五分鐘看看，如果真的不行再說。」我覺得意志力就像訓練肌肉，剛開始總是很痛苦難熬，需要鍛鍊、不斷累積練習時間才能獲得成果。有時候，光是比昨天進步一點點就很值得肯定；每天比昨天多五分鐘的讀書時間，一點一滴地累積也很可觀。

另外，我在讀高中時深深體會到「養成讀書習慣」的重要性。在高一、高二時，我一直在逃避很不喜歡的數學，每次快到考試的時候才後悔不已，於是升上高三時，我養成了每天算二十道數學題的習慣，特別安排早上五點到六點半這段時間來算數學，對我來說，再累、再想休息的日子，也得算完二十道題目之後才能休息，一方面是為了不要失去手感，另一方面也是為了有可以肯定自己的素材：「今天狀態這麼差，但我還是努力算完這二十題！」「好像也沒那麼難嘛！」等肯定句。

重點不是多早起讀書，而是找到自己喜歡的節奏、適合的步調，**每天維持規律才是王道！**

我可以怎麼做？

一，列出需要持續穩定練習的科目或項目。

二，排出固定的時間來完成這個項目，養成習慣。

三，不想讀書的時候，騙自己：「五分鐘就好！」

03 如何記得牢？

「前一天背的單字，隔天又忘了。」「我每次都會忘記之前背的東西……」忘記所讀的內容也是我經常收到的疑問之一，但在講解方之前，想先跟大家科普一下記憶是怎麼一回事。

說到記憶，就讓我想到「艾賓豪斯遺忘曲線」：腦海中浮現一個隨著時間增加，記憶量從急速下降到逐漸平緩的曲線。但艾賓豪斯的實驗其實是拿一些無意義的字串來進行實驗，和我們的學習情境可能有些差異存在。

除此之外，你也有可能會想到「長期記憶」和「短期記憶」。心理學家發現，學習與記憶仰賴大腦神經細胞連結與強化的過程——每學到一個新的概念，大腦神經連結就會被活化，使這之間的連結更堅韌。

記憶的過程分為「編碼」「儲存」「提取」，「編碼」指的是把外界的資訊轉為大腦可以使用的格式，「儲存」像是把這些資料歸檔，並放在大腦皮質這間巨大的儲藏室中，「提取」就是當我們需要這些資訊時，在長期記憶中的知識會被拉到工作記憶區，以利我們使用。你可以用CD來想像，編碼是把外界資訊轉換格式，因此可以想像成把CD上凹凸的刻痕，掃描進電腦轉換格式成電腦懂的0和1，儲存就是拉到資料夾內，提取則是在我們想聽音樂時，把這個音檔拉到播放軟體中，供我們使用。

至於短期記憶，也許你對這個名詞的印象停留在「記電話號碼，然後一下就忘記了」，事實上在短期記憶之前，我們還有感官記憶。感官記憶即是從我們的視、聽、嗅、味、觸各感官輸入進來的資料，會以非常短暫的時間停留在大腦，大概只有幾毫秒到幾秒的時間。在這些感官記憶中，需要被保留的資訊會進到短期記憶區，它們會停留三十秒左右的時間，記憶的資訊量大約是五到九個單位。然而，我們都希望自己的學習不只停留在短期記憶區，而是進入可以儲存很久、資訊量很大的長期記憶區，因此，以下有幾個可以幫助我們記憶的方式：

一，精緻化

大家最常用的精緻化方法不外乎背口訣，像是化學沉澱表的「劉備死愛錢」（硫鋇鍶鈣鉛），或是歷史的原住民族口訣，都可以幫助記憶。

二，組織內容

用系統性的方式可幫助釐清架構，我比較常用的是樹狀圖，可以清楚了解整個單元、課程的主軸，如果要進行發散性的思考或創意發想，也可以使用心智圖。

三，間隔效應

在上普通心理學時，教授曾問我們：「如果有一科期末考試，我們需要十二小時的學習時間，你們會怎麼安排學習進度？」相信大家應該能想像，一天讀書超過十二小時的效果並不佳，但若將這十二小時拆成四天來進行，變成一天三小時，學習的效率就會提升，這並不只牽涉到學習十二小時容易疲倦，也關乎我們每次重新打開教材，就可以再次提取記憶、加強連結，這就是間隔效應的好處。

四，善用情境／語境

什麼樣的事情容易記得更牢？你可能會覺得「我在乎的事情就會記得很熟啊，但我又不在乎課本教什麼⋯⋯」但你也可能在某一次的學習內容中，看見「這我之前好像看過！」的文本或是體悟，而這些內容之所以能讓你印象深刻，是因為它跟你的長期記憶區裡的事件連結起來，自然地形成自己的知識網路。

這點在我學了心理學之後更有感觸，就連我在寫這幾個幫助記憶方法時，也不需要翻閱心理學課本，因為這些都是跟我過去的經驗有結合之處。但並不是只有心理學能連結生活經驗，像我某次到醫院抽血檢驗肌酸酐時，也能連結到在生理學課堂上所學到的用肌酸酐來測驗腎功能，再連結這次抽血是為了開有腎毒性的藥物，這不就是跟生命經驗做了連結嗎？

五，自行產出、主動回想

不論是默寫或是自問自答，都能避免我們誤以為自己會了、記熟了。如果沒有人可以幫忙出題，可以在每次複習完之後，蓋上課本，進行回想或是白紙學習法。

這邊想簡單介紹一下「白紙學習法」，當我讀了一整天的書之後，我會拿出白紙默寫今天學習的內容（但在默寫的同時，記得把課本、參考書都蓋起來，才能達到主動回想的效果）。默寫完之後，我會把課本打開，並用紅筆補上自己忘記的部分，方便之後複習。

比如說，當天讀了心理疾患這個章節，我會在晚上讀完書之後，開始複習這章節的重點，默寫今天讀到的內容。先把書本都蓋起來，能默寫多少盡量寫，如果我在默寫的時候忘記 Disability 是心理疾患的一個要素，那我會在翻開課本之後用紅筆補上，這樣之後再複習時，就會知道這是我相對不熟的地方。

你可能會問：「什麼時候的複習成效最好呢？」我在讀高中時，一開始會想用各種符合遺忘曲線的方式去安排計畫，但後來發現，執行起來相當困難，每天都搞不清楚自己今天要做什麼，直到後來接觸到「**今天、明天、星期天**」這個方法，它幫助我妥善進行了複習日程安排。例如，當我**今天**做錯了一道題或沒有默寫出某一個概念，在今天晚上結束學習時間前，再

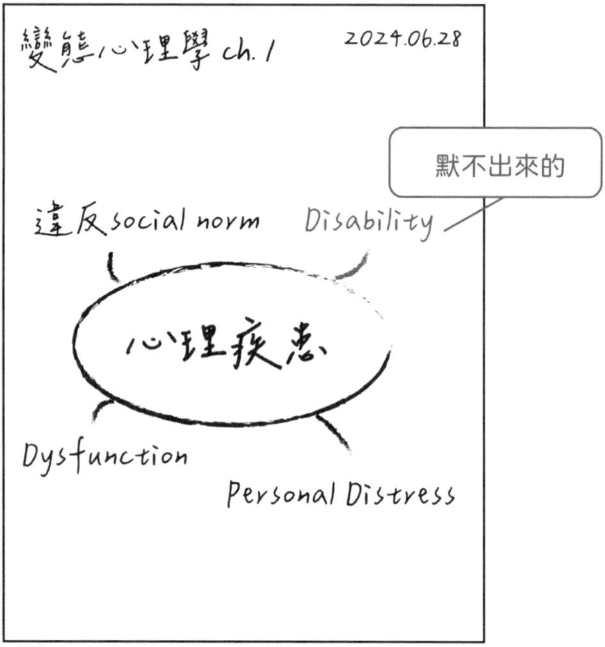

白紙學習法範例

複習一次，等到隔天**（明天）**再複習一次，當週的**星期天**會再複習最後一次，以達不斷複習、加深記憶的效果。

希望你在看完這篇之後能了解記憶的模式、找到增進記憶的方法。

最後要說，對我而言，**「忘記」就是忘了再記**，因此不要害怕遺忘，每次的空白，會讓我們更想填補自己忘記的知識！

我可以怎麼做？

一，連結過去的學習內容與生活經驗，讓學習更有感。

二，用間隔重複的概念安排學習，以主動回想、增強記憶。

三，組織你的學習內容，架構化釐清。

4 賦予錯誤新意義

「講到錯誤，你會想到什麼？」這是我有一次到某所國中演講時問的問題，臺下的答案不出我所料：「被罵」「考不好」「傷心」等詞彙此起彼落，過去的我們總是把犯錯連結到考差，再從考差連結到被罵，而被罵完的我們心生恐懼、自我價值感低落，從此不敢再犯錯。對很多人的成長環境而言，我們太習慣將錯誤和失敗畫上等號，也把錯誤和懲罰畫上等號，但事實上，犯錯其實是學習的大好機會。

在我讀國中準備會考期間，會於考前一個月將答錯的概念整理在一本筆記本上，然後久了就會發現自己常答錯的題目概念有哪些，像是電學就讓我印象深刻到數年後的現在都還記著。比起「又錯了，怎麼這麼笨」，我當時的想法反而是：「哇，考前錯這麼多次啊！那這次要記起來，正式考試時就不會再錯了。」快速調整狀態，重新複習那章節的內容。當時的我，寫錯多少題都沒有懲罰，畢竟都是我自主練習的題目，對我來說，**「學會」比起「不要錯」更重要**。

高中的我很在意成績，也很害怕失敗，記得學習過程中，常常因為考差而掉眼淚，同時，那也是我最迷惘的時期，「如果沒有優異的成績，那我的價值在哪裡呢？」印象中一次考試結束後，我又哭得很難過，有一位同學跑到我身邊，輕聲地對我說：「沒關係，我陪你訂正，學會就好啦！」也是從那時候開始，我發現就算犯錯也沒關係，**不會因爲犯錯就代表我是個不夠好的學生**。錯誤並不等於處罰，也不等於失敗，而是補齊自己未知空缺的極好時機。我國小時曾到一間「錯一道題目就會打一下」的補習班上課，當時我相當害怕犯錯，所以長大後的我在教學上，比起直接否定學生，更傾向聽聽他們怎麼思考，並抓到其中好的、正確的部分，也不會因此放過錯誤的觀念，重點是**「知道自己會什麼、不會什麼，並試圖了解更多」**。

透過犯錯帶來的「原來是這樣！」「竟然跟我想的不一樣嗎？」的驚奇與好奇，我們才會記得更好、更牢，也才有更多動力去了解更多的事物。

身為學生的我能怎麼做？

不需要因為犯錯而難過就譴責自己，仔細想一想不也覺得挺合理的嗎？畢竟我們花了十幾年養成「犯錯就是不對」的想法，要一夕之間改變是非常困難的，所以先給自己一點耐心，慢慢調整吧！

剛開始還沒辦法完全消弭自我否定時，可以先試著看看其他做得不錯的地方，像我高中數學雖然很差，課業也不是最頂尖，但我喜歡繪畫、心理學，在喜歡的事物上有很強的學習動機，從「原來我也沒有想像中那麼差」到「其實我也有表現得不錯的領域和時刻」，逐漸建立起對自己的肯定，穩住對自我價值的根基，比較不會受到挫折的影響，減少風一吹就倒的可能性。

等到狀態稍微穩定之後，可以開始練習用加分而非扣分的方式看待每一次挑戰，「這次又多會了一點！」「上次寫錯的題型，這次有寫到關鍵步驟！」以看見自己的成長和進步，並開始有意識地減少「全有全無、非黑即白」的信念，例如「我這次考差，我之後也沒救了。」「我不擅長讀書，就是沒用。」

試著問問自己：「真的是這樣嗎？有沒有別的可能？」因為我們往往會把事情災難化，但其實有時候只是處在強烈的情緒中，沒辦法好好思考而已，不過，這並不代表不能有情緒，相反的，情緒是很重要的存在，因為如何思考就會連帶影響自身有怎麼樣的情緒。

這邊要提到「成長型心態」和「固定型心態」。

成長型心態的人更願意為自我成長付出努力，而與之相對的是固定型心態，兩者對於學習成長的觀點不同，也用不同的角度看待成功，固定

成長型心態	固定型心態
認為聰明才智 可以靠後天學習	認為聰明才智 是與生俱來很難改變
堅持不懈	容易放棄
努力進步	漠視努力

成長型心態與固定型心態比較

型心態的人漠視努力，認為一切都是與生俱來，成長型心態則相反。

所以，讓我們試著培養起「成長型心態」，相信自己的能力可以透過努力改變，把挫折看作是學習的機會，勇於挑戰困難吧！

身為家長的我能怎麼做？

雖然說每位孩子都不一樣，但對於自信心比較低落的孩子來說，每一次的批評都是一種打擊，所以身為家長的你，首要做的事情就是**「聽」**，聽一聽孩子的想法是什麼，他是不在乎自身的表現？還是其實對表現也很難過、自責？在聆聽的時候，盡量不要評價想法，光是專注地聽就是一股很強大的力量了。聽完之後，可以跟孩子討論他是怎麼想的，像是如果寫錯了一道題目，比起問「你怎麼看自己少的這十分？是粗心還是怎樣？」不如問「當初解題的時候想到了什麼？想不到的部分是不是遇到了什麼困難？」**與其檢討少的「分數」**，

不如回歸「學習的本質」。如果對於和孩子討論覺得沒有架構，不知道從何問起，因此感到困惑或是害怕踩到禁忌，可以嘗試以下的4F架構：**Fact、Feeling、Finding、Future。**

Fact指的是事實，通常會比較客觀、未參雜主觀感受，比如「我這次考試考了××分。」「我錯了○○題，這些題目多是○○單元的，是○○題型居多。」；接著是Feeling，指的是感受，不論是孩子還是家長的感受，都可以好好說一說；Finding指的是發現，通常會加入一些觀察或是總結，像是「我觀察到你這次考試前的準備時間變長了。」「我發現你在問答題上的表現進步了！」這邊可以盡量用正面表述，如果要加入負向的、指導性的，可以拿捏一下比例；最後是Future，指的是未來可以怎麼做，可以和孩子討論如何避免下次再發生一樣的問題，或是怎麼樣可以更好。

在這邊想跟大家說個小故事。我大二修心理實驗法課程時，期中考後覺得自己的表現不甚理想，但教授告訴我，我在問答題的回答情形不錯，代表我其實對概念的掌握度是足夠的，當時的我感受到教授真的在用精熟目標（又稱學習目標，會在〈自主學習，享受知識〉中和大家介紹）而非「表現目標」在看待我的學習。而家長對孩子的教育更是深入且潛移默化，因此提供上述方法，希望能陪伴孩子和家長一起看見錯誤的新意義。

我可以怎麼做？

一，釐清自己的想法與情緒，減少非黑即白的思考方式。

二，掌握自己學習的狀況，相信努力可以迎向自我改變。

5 想要、需要和必要的時間儲蓄

你可能會聽過「重要但不緊急」或「緊急且重要」這個四象限分法，以前我在安排待辦事項時，也是運用這樣的分法，但隨著年紀增長，進入高三甚至大學，我發現自己的待辦事項中，逐漸填滿了重要且緊急或是重要但不緊急——這樣的劃分根本沒有效用，而不論他人說「重要但不緊急的事要先做」，容易焦慮的我就是想先完成「不重要但緊急的事」，因此後來的我，想起兒時母親教的儲蓄方法，並把這套系統改良到時間運用上，接下來會開始和大家介紹這個系統。

如同我們需要在消費上區分出**「想要」「必要」和「需要」**，才能好好進行財務規畫、記帳和儲蓄，在時間的運用上也可以套用這些概念。

「想要」做的事情通常會是休閒娛樂，「需要」和「必要」的區別常常跟你的角色有關，像是學生的必要常常會是和課業相關的事情，角色也取決於你怎麼認定自己，如果身兼多職，像是社團幹部或是有參與其他競賽的中學生，就可能在必要裡添加非課業相關的重要事項。簡而言之，「必要」對應到的是你現在就必須處理的重要事項。「需要」是什麼呢？需要對我來說等同於「重要」，特別是影響未來發展的項目，像是如果我的目標是考上研究所，雖然這個學期還沒開始申請，但我可以先進行一些需要做的事情，例如查詢各個指導教授的領域、讀各領域的論文等。而「想要」，如同前面所說，通常是休閒娛樂，像是我喜歡寫日記、拼貼、繪畫就會被歸類到這裡。

請注意，這邊的分類**並不代表哪一項不需要完成，或是可以被犧牲**，當一件事被排進當週的計畫表時（包含休閒的「想要」）就請抱持著「都要做」的心態去面對，初期的分類只是幫助你能好好檢視自己的時間安排狀態而已。每週的想要、需要、必要的比例，我會抓想要一分、需要兩分、必要七分。但這個比例不是不能調整，當我的狀態比較差時，會調整成三分想要、一分需要、六分必要，讓自己在完成必要任務時，有比較多的時間去做喜歡的事情或進行自我照顧。也就是說，這個比例會依每個人的狀況不同而有所差異，沒有非得要一比二比七不可。

其實對於時間的運用上，「記帳」也是相當重要的環節。每到週日我都會回顧自己當週時間的運用情形，了解這週想要、需要、必要的比例是否失衡，以進行下一週的調整。那要如何進行回顧呢？我會採用以下方法：

一，讓時間可視化

了解自己的時間狀態，用區塊的方式填上，也方便了解整週的時間運用。

二，檢核這週的習慣行動

前面提過，習慣對我來說是很重要的事，因此我會檢視這週有多少比例的時間是照著習慣走，又有多少比例被突發事件影響。比例過高代表我對時間的分配和掌握可能要進行調整。

三，找到黃金時段

小學就讀的安親班老師總是說：「早上最適合寫數學題目，因為這個時候的頭腦最清晰。」你也可以找到自己最適合學習或工作的黃金時段，例如我剛吃飽容易昏昏欲睡，不適合算數學，這時就可以做一些雜務或是不太需要精密計算的科目。

四，更省力的方式

準備期中考的時間是否足以把課本內容全部讀過一遍？還是先練習考題再回去讀課文，更能掌握重點？這些都是值得思考的方向，能提高學習效率，不需要太多時間也可以達到一樣的效果。

當然，每個人都有自己的回顧方式，運用時間的方法可能也不盡相同，像是某些人一旦到了晚上，效率就會特別高，或是習慣截止日逼近才開始行動。

透過這篇內容，希望能提供給你一種新的時間分配方法，不再只是表面上填滿「緊急且重要」的格子，實際卻不知道該如何是好。

6 拖延不是你不好

「我也知道要提早規畫，也知道作業該提前開始做，但對我來說真的好難。」「我總是到了截止日才想動作……」常常聽到很多學生、學弟妹和我提到自己有拖延的問題，甚至有些人會說，趕在截止日前交出去，就會有一種「趕上了！」的興快感，或是「看吧！晚一點開始也沒事啊！」的放鬆感。但這也衍生出一些問題，撇除完成品的品質不說，有的人會開始覺得「我總是在拖延……」而有愧疚、羞赧、罪惡的感覺，久了也會影響一個人的自我評價。

但在開始講拖延的成因和解方之前，想先請大家看看以下的拖延情形。

- **我的待辦清單裡總有很多事，但一個也做不完。**
- **想到什麼就會放下手邊原本在做的事情，轉而做另一件事。**

◉不敢在找到完美做法之前開始行動。
◉不到截止日期，就覺得沒有做這件事的興致。
◉一想到要做事，就難以集中精神，覺得很累。

不知道看到這裡，你有沒有發現什麼規律或是觀察到什麼關聯呢？

拖延症研究專家彼得．路德維希（Petr Ludwig）曾說：「拖延症並不是時間管理有問題，而是需要學會管理情緒。」拖延會導致負面情緒，它會讓我們想要短暫逃避，而逃避會導致我們等到最後一刻才行動，因此又拖延。要改變這個系統，可以從「拖延」「負面情緒」或是「短暫逃避」來干預，要怎麼不拖延呢？從短暫逃避的角度看，你可能覺得跟拖延症的人說「做就對了！」但美國心理學教授喬瑟夫．法拉利（Joseph Ferrari）曾說：「對拖延症患者說『做就對了』，就像是對憂鬱症病友說『一定要快樂起來』一樣。」從拖延的角度來看，我們可能會想要請拖延症的人想想動機，提高動機確實是一種方式，但在拖延的情況中，我們往往會面臨更多阻礙。因此可以從負面情緒下手，而最常見的起因是不確定感，人喜歡確定、穩定的情況，也因此，當面對不確定的感覺時，我們會對目標感到迷茫，甚至覺得有壓力，也因此很想繼續拖延下去。

那我們該怎麼面對拖延呢？從生理角度來看，拖延和幾個腦區有關，分別是前額葉、前扣帶迴、伏隔核、杏仁核和基底核，這邊出現了許多新名詞，你可能已經有點混亂，別急，讓我解釋一下。

前額葉是主管人思考和許多高階認知能力的腦區，有點像大腦的總司令；而前額葉和拖延的關聯，常常是因為完美主義、找不到做事的意義感或是沒有合適的策略；前扣帶迴和能不能長時間專注或是很容易分心有關；基底核則與我們自動化的習慣有關；杏仁核是恐懼、情緒的重要宰制者，因此當我們害怕失敗或是被重視感不足時，就容易拖延；伏隔核是和酬賞相關的重要腦區，當我們受到回饋、獎勵時，就會活化伏隔核。

從上面敘述可以歸結出幾個拖延的原因，接下來就是制定因應策略了。

改善拖延七大原則

一，明確具體化目標行為

比起「我要把作業寫完」，具體列出應該做的事項，會比較能達成，例如：「要把作業做完，首先我需要查找資料，閱讀完文獻之後要進行彙整，接著再撰寫報告」。

二，拆解目標並列出具體步驟

可以用SMART法則修正目標，它可以分成以下幾個幾點：

◉**Specific 明確：**「我要擁有成長型心態」是很抽象的目標，可以盡量明確化，像是「我要更重視自己的學習過程，不因為考試成績而否定自己的努力」會比前面的目標設定更好。

◉**Measurable 可衡量：**不過「重視學習過程」仍然很難衡量，所以我們可以改成「我想要在每次考試的檢討時間，寫出三項自己在準備考試時，做得還不錯的地方和還可以更好的地方。」這三項敘述會比前述的「重視」更能衡量，也更好檢視是否有達成。

◉ **Achievable 可達成**：如果你發現很難肯定自己，或是對於準備過程並沒有特別意識，那要你寫出三項自我肯定的內容的難度可能很高，所以可以根據自己的狀況調整，建議比「能輕易做到」的目標難度再往上調高一點點。

◉ **Relevant 相關**：這一點是希望行動能真正幫助到我們完成目標，例如，如果目標是想提升成長型心態，那「考前兩週要各完成三份每一科的複習卷」這一指令雖然很明確，但與目標並沒有直接相關，所以就不算是一個有幫助的行動。

因此，要如何訂定「相關」的計畫呢？首先可以思考要達成目標有哪些關鍵點，像是如果我希望在學期末比前一個學期平均進步五分，那關鍵點可能是提升弱科的成績，假設我的弱科是數學，相關的計畫就可以是每天練習二十道數學題目。

◉**Time-bound 有時限的**：這邊的時限並不只是什麼時候要完成，而是可以依長遠的時限和習慣的時間點來制定，長遠的時限可能是「希望高一上學期結束時可以達成」，習慣的時間點則是為了保證自己有確實行動、降低啟動的困難度，可以給自己明確的時間指令，像是「每天晚上九點，我會針對自己今天的學習過程，寫出兩項準備得不錯的地方，和還可以更好的地方」。

三，從最容易達成的開始

如果一開始就直接挑戰魔王，很容易因為失敗而意志消沉，或是光看到任務的難度，就想舉白旗投降，因此可以先從最容易的開始挑戰，也更能提高成就感，讓自己動力滿滿！

四，設想可能的阻礙並排除

在完成目標的過程中，可能會遇到各式各樣的阻礙，從引誘你分心的事物，到做事時忽然殺出的程咬金，都可能打亂自己的節奏，因此我們應該在開始前先排除各種可能的阻撓。像是如果你經常被手機干擾，就請把它拿出房間。或是你總是被家裡的活動安排而受到影響，可以試著和家庭成員溝通看看：「這段時間我想要專心做……可不可以……」。

五，不用等完全準備好就可以馬上行動

高中的班導師常常和我們說：「先求有，再求好。」如果凡事都要等到完美的時機，那我們永遠都不會開始。

六，一次只專注一個步驟

不只是外界的東西會干擾我們，有時我們也會被自己的「貪心」給干擾，因此，一次請專心於一個步驟，好好完成後再進行下一步。

此外，為了避免待辦事項過長，卻什麼都沒有完成，可以讓待辦事項維持在三項以內，完成之後再填入其他任務，降低壓力！

七，想像成功

想像成功對於人來說是一種酬賞，也可以降低害怕失敗的負面感受，讓執行任務起來更順暢！

最後，拖延其實是長期習慣的累積，因此要建立起不拖延的新習慣，但這是需要時間的，所以請給自己一些時間，慢慢調整、看見自己的進步吧！

我可以怎麼做？

利用「改善拖延七大法則」，明確具體化目標行爲、拆解目標、從最容易達成的開始、設想可能的阻礙並排除、馬上行動、專注在一個步驟、想像成功，來幫助自己避免拖延。

Date / /

Part 3

用筆記寫下的學習

「可以跟大家分享你的讀書方法嗎？」之前在電視節目上，被主持人訪問過這樣的問題。讀書的方法有很多種，我從國小開始熟悉筆記的方法，有一套自己的筆記思考流程，並且在實踐夢想和學習上，帶來很大的幫助。在這個章節希望能和你分享筆記的神奇魔力，還有我怎麼運用筆記、讓它成為我的得力助手。

1 筆記初心者祕笈

「你第一次寫筆記是什麼時候呢？」曾有一位記者這麼問我。我回想了一下，約莫是小學四年級的時候，但那應該稱不上是筆記——把社會課本的某一段落謄寫到活頁紙上；用各種顏色的筆寫下國文課文的詞語語意、修辭與注釋；把數學題目和答案抄在筆記本上——說穿了，當時的我根本不懂筆記是怎麼一回事，只是盲目抄寫老師的板書和謄上講義的內容。

後來，媽媽買了一本臺大學生合著的筆記書，那時候的我才知道厲害的學長姊是怎麼運用筆記的，不是用筆顏色越多越好，也不是比賽誰寫了比較多字，而是用自己能理解的方式，清楚呈現重點。說起來容易，但對一個高年級的孩子來說，要這樣做依然很困難，因為我不知道什麼才是重點、怎麼樣才清楚，所以學習做筆記的道路上，其實曾經有許多跌跌撞撞的時刻，像是我試過康乃爾筆記法、東大筆記法，但最後都以失敗收場，反而讓我更不想寫筆記，這才發現，並不是複製貼上他人的經驗就會成功，重點是**依據自己的需求選擇合適的方法**。

自國小養成寫筆記習慣到現在，我最深的感觸是「筆記的精髓並不是寫出來的東西，而是思考的過程」，沒有經過思考的筆記，基本上會變成無效努力，用寫得滿滿的活頁紙欺騙自己，覺得好像這樣就夠了，實則不然，因為那些內容依然留在紙上，你並沒有真正地把內容儲存在記憶中，時間一久，長期記憶裡也就找不到這些知識。

關於筆記的大哉問

一，筆記會是我的新選擇嗎？

你可能會納悶：「我到底該不該嘗試把『寫筆記』做為學習的一種模式？」

根據對周遭同學們的觀察，我認為沒有一種模板能適合所有人，這裡的模板包含讀書方法、時間規畫、生涯考量等，就像有些人可以負荷兩個科目以上的補習班課程，有些同學一個科目都沒補，所以我高中的時候也是在一次又一次的段考中，不停「實驗」最適合自己的時間分配法和讀書方法，所以「要不要以筆記做為讀書輔助的一種方法？」「花在整理筆記的時間應該占全部讀書時間多少比例？」這些都得靠自己實驗出來，但我希望還是給大家一個檢核表做為可能的參考依據，因為你會是最了解自己的人，所以還是以對自己的認識為準。

◉檢核表

- □我在補習和學校上課的時間之外，有足夠的讀書與休息時間
- □我在意作業的內容呈現大於美觀程度
- □比起聽和說，我更習慣寫和讀的學習方式
- □比起閱讀大量文字，我更喜歡圖像的呈現
- □如果開始做筆記，我會有時間複習筆記裡的內容

□我不擔心筆記上有太多塗改，也不會因爲寫錯字就要求自己重來

□我還沒有慣用的系統化學習方式

這當中有幾題不只在檢核你適不適合做筆記，更是指出你現在的學習困境，例如擁有自己的讀書和休息時間是相當重要的，一旦時間都被補習和上課填滿，就像人不斷被餵食卻沒有時間消化，不只沒有學進去，更有可能喪失對學習的興趣。

另外，只是因為寫錯字，就選擇重新抄寫筆記，其實是件很浪費時間的事情，因為**筆記的重點並不是美觀的版面，而是清楚的思考架構**，很多人因為完美主義導致寫筆記時一直受挫，執著於「不夠好看」的筆記頁面，卻沒有實際檢視自己到底學會了沒有，因此才會希望大家把時間花在刀口上，如果知道自己的完美主義可能會影響你做筆記，可能就要有所取捨，才不會花了很多時間在「美化」，而沒有「思考」。

二，做筆記是為了考試？

筆記並不是只適用於中學生，上大學反而是我最有系統地在使用筆記的時期，因為就讀大學就等同於真正深入一個領域的時候了，考驗我們建立起完善的知識體系能力，更需要思考每一項知識之間的關聯性、構築概念的網路，此時，筆記可以幫助我們把課堂上線狀的內容、各處收集來的點狀知識，串聯成能夠提取的網路。

我很喜歡一位臺大醫學系學長說過的話：**「很多事情都是學習，並不僅限於讀書。」**同理，「筆記」是我學習的利器，但它並不只會運用在讀書上，更協助我進行系統化的時間規畫、思考方向，人生就是一個學習的歷程，而筆記幫助我學習，也幫助我完成很多事情。

三，筆記一定要在課堂上或課前做嗎？必須搭配教材嗎？

我的答案是「否」。我覺得最能檢測自己是否有聽懂課程內容的一種筆記方式，就是在課後或是當天晚上複習完所有課堂上的內容，把所有教材都蓋起來，開始在紙上寫下自己記得的部分，等到寫不出來、想不起來了，再打開教材，核對自己哪些部分忘記了，並用紅筆補上，提醒自己：「這些是我記不熟的地方。」

一開始嘗試這樣的複習方法時，我其實什麼都背不起來，所以如果真的毫無頭緒，建議可以翻看講義目錄中的章節名稱和次標題，但切記不要翻到後面，因為一邊看、一邊寫就失去測驗自己的效果了。

做筆記的各種迷思

一，筆記要五顏六色才好？

以前上國文課時，我覺得同一種修辭法要統一用一種顏色的筆標註出來，不同概念就要用不同顏色的筆寫出來，但其實這樣做對我們在閱讀、理解資訊上，會造成滿大的負荷，你有可能在下一次複習時感到疑惑：「這邊用淺藍色是代表什麼意思？當初的我在想什麼？」焦點反而不是放在概念或知識上，而是理解自己的架構。

因此，我自己的習慣是三種顏色，最多不超過四種，自己用下來最喜歡的組合還是紅、藍、黑、綠，有時教材的顏色已經是黑色印刷，就只會用紅、藍、綠三色。使用這些顏色的目的不是讓筆記變好看，而是要建立並系統化你對這些顏色的用途定義，像我對紅色的用途是「重要概念或考點」，藍色的用途是「記憶性的次要重點內容」，綠色則是「我所想到的延伸問題與解答」，黑色就會拿來寫一些「不太需要記下來的東西」或是舉例。因為我對筆記的用色有清楚的分類，因此在複習上，就可以根據顏色來判斷內容的重要性或是需要分配的時間比例。

二，筆記要畫上好看的圖片才行？

「我沒有像你這麼會畫畫，我很擔心自己做不出跟你一樣好的筆記……」

老實說，這個問題我並不是第一次聽到，很多人都有這樣的擔憂：「我不太會畫畫也適合做筆記嗎？」筆記確實搭配視覺化的方式呈現會更清楚，但這跟畫上美麗的彩圖是不一樣的，甚至現在很多人會用數位裝置做筆記，網路上精緻清楚的圖其實不少，因此繪圖能力並非必須，更重要的是將資訊視覺化或是精簡化的能力。

視覺化內容和精美的製圖並不能畫上等號，甚至有時候，過於細緻的圖片會讓我們更難以記憶，在這裡，我以國中生物循環系統的體循環與肺循環為例，示範視覺化筆記和精緻圖畫的差異性。

這兩張圖是從我國中的筆記中擷取出來的圖片，可以看到上面的心臟畫得很精美，但實際上沒有任何用處，下面的圖只用一個心型切成四塊，再加上兩條曲線就可以表示整個路徑（當然可以再更整齊，但筆記的原則是自己看得懂就好），你甚至可以將心形畫成橢圓也沒有問題，會更加簡潔俐落。

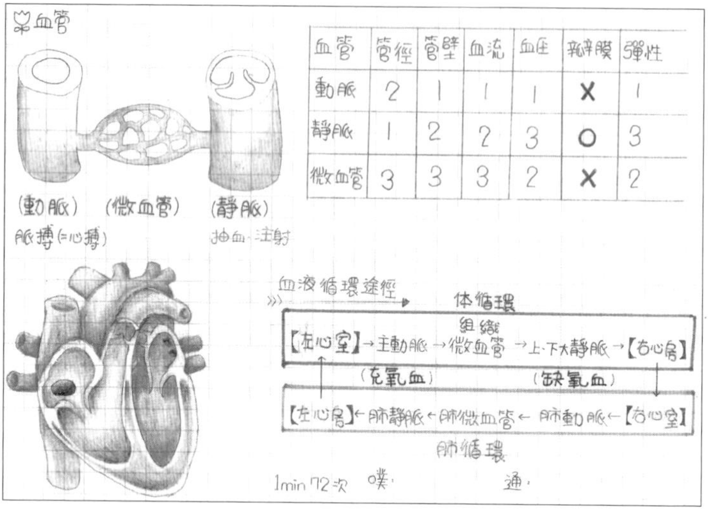

體循環與肺循環的精緻圖例

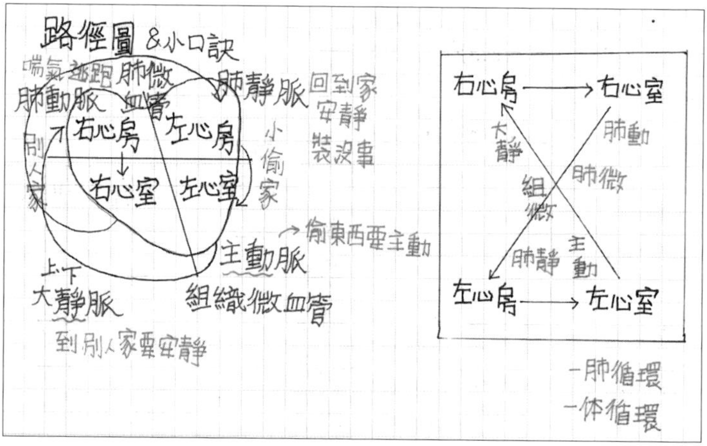

體循環與肺循環的視覺化筆記範例

三，筆記要寫得很整齊才可以？

誠如剛剛提到，筆記的原則是自己看得懂就好，所以字不需要非常好看，也沒有一定要每一條線都用尺畫才行，能幫助自己學習的筆記就是好筆記。

但這邊我想提一個點，那就是**「適度留白」**，這裡的留白並不只是為了美觀或是清楚，更是讓自己有補充其他想法的空間，因為讀筆記時的思考也是很重要的一環。

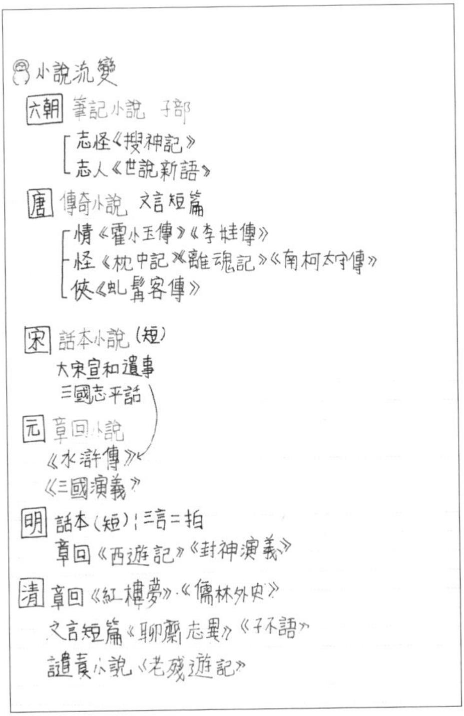

適度留白範例

四，要專心聽課還是用力做筆記？

請不要為了做筆記反而沒聽課！這樣是本末倒置！

我上大學之後會在課前讀完課本、做完筆記，上課時針對老師講的重點用螢光筆畫起來或是向老師提問看不懂的地方，我認為帶著問題是最好的學習方式，而筆記在這時並不僅是整理課本資料，更是收集我的疑惑。

高中時要讀的書很多，因此我採取的方式是看過目錄上的標題、章節次標題，並快速翻閱課本內容，大致了解整個架構之後，嘗試形成問題。無論如何，知道接下來要上什麼內容都比腦袋一片空白好。

筆記的用途很多，形式也很多樣，這邊只是先提一些我曾經踩過的地雷。也許看到這裡，你還是有點不確定該怎麼進行，不用急，後面會和你分享更多實際的案例和使用方式，但最重要的是了解自己為何做筆記，也不要花太多時間在沒有幫助到自己的事情上。

2 做筆記沒有你想的這麼難

如果拆解整個筆記過程，可以分成以下幾個步驟：

閱讀文本與獲取資訊

不論學生是從教材上獲得知識，或是上班族透過開會了解情形，抑或日常的閱讀、線上課程，我們可以從許多地方獲取做筆記的素材。

為了讓筆記過程更加順利，在閱讀文本時請**「帶著問題」**讀——讀的時候並不只是被動接收內容，更是主動獲取自己所需的資訊。

「帶著問題」聽起來很困難，實際上如果完全沒有架構，要問出好問題也不容易，因為過往的我們已經習慣被大量的知識轟炸，卻沒有好好思考這些資訊的意義或是背後的訊息，久而久之就容易失去對事物的好奇心。

嘗試問問題是化被動為主動的學習方式。以下提供幾個我在學習時常思考的問題，但實際上在不同科目和專業領域中，會需要問的問題可能會有些許不同，可以依據自己對該學科的理解來調整問題。

一，各式各樣的為什麼

「爲什麼」是最好的問題架構之一，像是國中歷史〈大航海時代各方勢力在臺灣〉就很值得我們思考為什麼這些列強要選擇占據臺灣？或是高中生物科也可以思考明明體染色體都一樣，為什麼會有不同的細胞負責不同的功能？

二，A和B有什麼不同？

這裡的A和B可以是你想到的相近概念，以地球科學為例，可以思考離子尾和塵埃尾有什麼不同？例如產生原因、方向或是特性等；或是國中公民科的完全行為能力人和完全責任能力人有什麼不同？年齡上或是規範能力上的界定有什麼差異？A和B也可以是同一個名詞在不同時間點或領域的使用上有所差異，像是歷史的海禁政策，明朝是為了防禦倭寇，但清朝卻是為了抵禦鄭氏。

三，A和B的關聯是什麼？

我是屬於讀書時會不斷思考的人，所以會思考不同的科目、章節之間的連結，以國中社會科為例，我會在學世界地理東南亞章節時思考印度的人口金字塔（跨章節），或是在學習地理南歐的時候，聯想到雅典的選舉違反普通原則（跨科目）。

這些問題可能聽起來並不難，甚至在讀課本時好像很輕易就會看到這些重點，但主動的學習可以幫助我們構築整個知識的架構，也可以擁有自己的知識體系。

一開始嘗試時的確會有點困難，如果初期無法做到，可以嘗試在寫筆記前先寫一些題目，了解該章節的重點，並學習題目如何問問題，久了之後會更了解怎麼主動問出問題，成為自我學習的檢視者。

資訊彙整

第二部分是進行資訊的彙整，而彙整資訊的一個最基本能力是**「將知識進行分層」**，分層方式可以根據5W去分，或是根據教材的小標題去分也可以。

舉例來說，高中化學裡的有機化學章節，如果要做成心智圖，最高的層級是有機化合物的官能基，那次級就會是醇、醚、醛、酮、酸、酯等，再下去才會是這些官能基的物理和化學性質以及檢驗方式。

5W的分層特別適合歷史科，一個事件（What）發生在什麼時間（When）、什麼地點（Where）、誰是主導人或參與其中（Who），以及為什麼會發生（Why）。也可以搭配著各個重要的學習方向去讀，例如在學習一個朝代時，可以從政治、經濟、文化等層面整理資料。

如果一開始還沒辦法很好地統一筆記架構，也可以先從心智圖開始，利用關鍵詞來做個大致上的分級，就會很一目瞭然。

視覺化呈現

最後是視覺化的呈現，如果可以做到前面兩項，基本上筆記就已經很完整了，視覺化只是為了讓我們能更清楚看到關係、空間位置或構造等。

然而，視覺化並不等於畫上好看的圖片，有時候用圓形、正方形搭配箭頭就可以視覺化很多資訊。

一般我會用視覺化呈現的內容包含：構造、物體分區（如大腦的結構）、不同的階段和因果、流程關係等。

3 筆記預備備！工具一覽表

我曾經看到別人在各大社群媒體上發表的漂亮筆記，有的貼了許多精美貼紙，有的用色很好看，因此覺得做筆記是一件門檻很高的事。就讀國中時，我們的生物老師會要求大家抄寫筆記，生物小老師甚至為此買了一整套不同顏色的中性筆，當時的我還有點擔心自己的筆記模式跟別人不同。但後來的我才知道，重點其實是思考過程和自己習慣的模式。

如同前面所述，**做筆記最重要的是過程**，但「工欲善其事，必先利其器」，找到適合自己的筆記工具也能讓我們有更好的開始。以下列出我個人慣用的工具供你參考，不過實際上還是以自己用習慣比較重要。

筆記可以分成電子筆記和紙本筆記，電子又可以分成手寫和打字的筆記模式，我們先從紙本筆記開始講起。

紙本筆記工具

活頁筆記本

之前曾使用過定頁的筆記本，但我比較習慣活頁筆記，因為方便調整頁面順序，也可以更有彈性地調整紙張頁數。

方格或橫線我也都使用過，方格紙方便繪圖，橫線比較整齊，但買橫線的活頁紙要確定線的間距不會太窄，才不會一直超出線，這裡並不僅僅為了美觀，也可以減少「怎麼又超出去了」「沒對齊好醜」等挫敗感，讓做筆記的焦點不要被模糊掉。

筆類工具

我國中習慣使用中性筆，高中在同學的介紹下開始使用油性筆，油性筆可以避免塗完立可帶之後寫上去的字糊掉，也不用刻意等墨水乾，可以順順地照著想法寫下去，因此我現在也習慣使用油性原子筆。

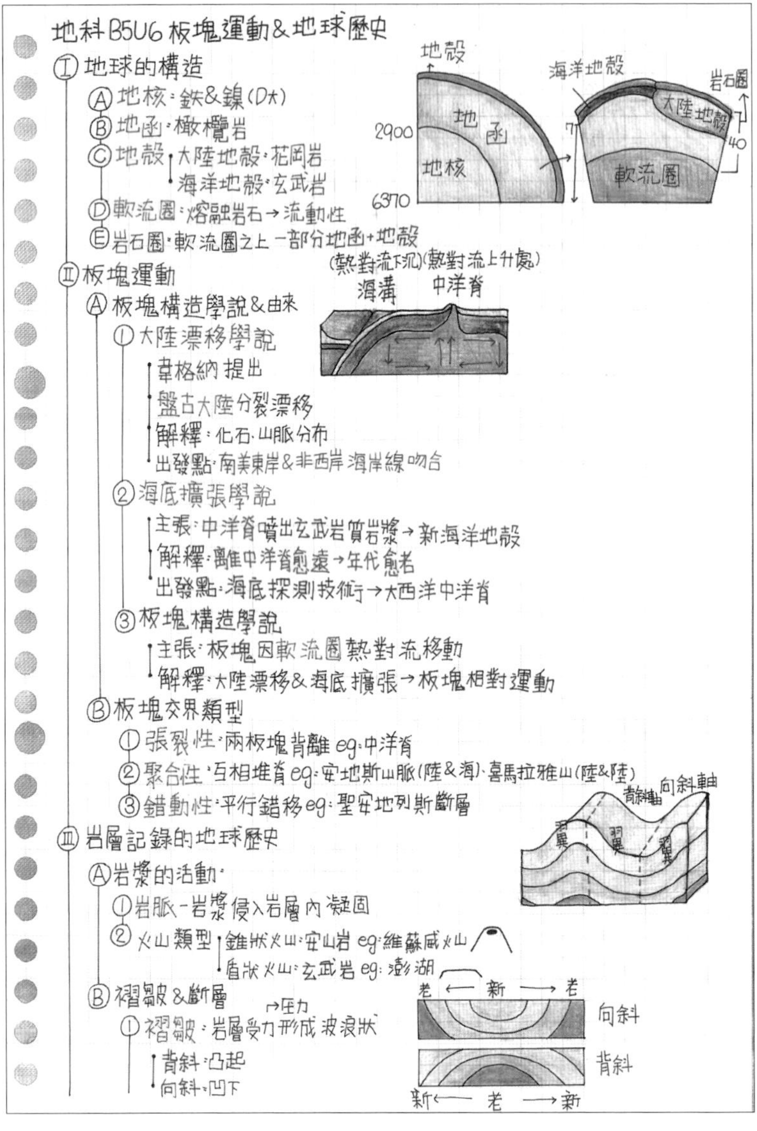

地科B5U6 板塊運動&地球歷史

Ⅰ 地球的構造
- Ⓐ 地核：鉄&鎳(D大)
- Ⓑ 地函：橄欖岩
- Ⓒ 地殼
  - 大陸地殼：花岡岩
  - 海洋地殼：玄武岩
- Ⓓ 軟流圈：熔融岩石→流動性
- Ⓔ 岩石圈：軟流圈之上一部分地函+地殼

Ⅱ 板塊運動
- Ⓐ 板塊構造學說&由來
  - ① 大陸漂移學說
    - 韋格納提出
    - 盤古大陸分裂漂移
    - 解釋：化石、山脈分布
    - 出發點：南美東岸&非西岸海岸線吻合
  - ② 海底擴張學說
    - 主張：中洋脊噴出玄武岩質岩漿→新海洋地殼
    - 解釋：離中洋脊愈遠→年代愈老
    - 出發點：海底探測技術→大西洋中洋脊
  - ③ 板塊構造學說
    - 主張：板塊因軟流圈熱對流移動
    - 解釋：大陸漂移&海底擴張→板塊相對運動

- Ⓑ 板塊交界類型
  - ① 張裂性：兩板塊背離 eg：中洋脊
  - ② 聚合性：互相推擠 eg：安地斯山脈(陸&海)、喜馬拉雅山(陸&陸)
  - ③ 錯動性：平行錯移 eg：聖安地列斯斷層

Ⅲ 岩層記錄的地球歷史
- Ⓐ 岩漿的活動：
  - ① 岩脈－岩漿侵入岩層內凝固
  - ② 火山類型
    - 錐狀火山：安山岩 eg：維蘇威火山
    - 盾狀火山：玄武岩 eg：澎湖
- Ⓑ 褶皺&斷層
  - ① 褶皺：岩層受力(→壓力)形成波浪狀
    - 背斜：凸起
    - 向斜：凹下

方格筆記範例

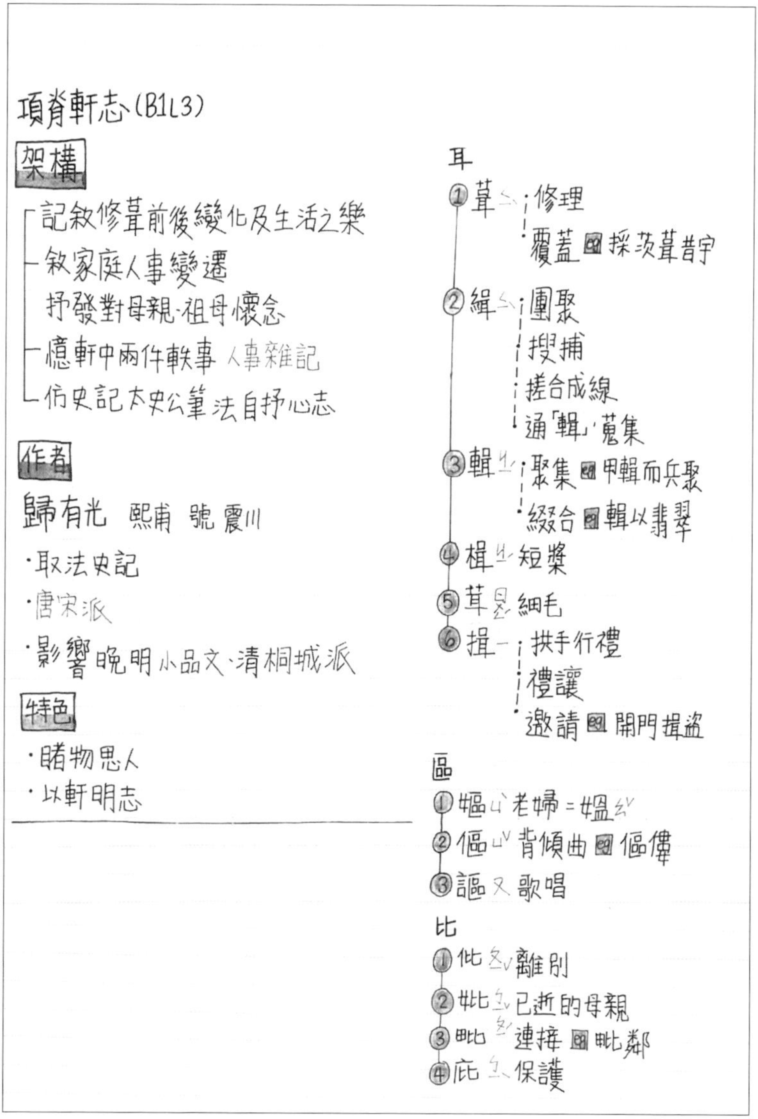
項脊軒志(B1L3)
架構
記敘修葺前後變化及生活之樂
敘家庭人事變遷
抒發對母親、祖母懷念
憶軒中兩件軼事 人事雜記
仿史記太史公筆法自抒心志
作者
歸有光 熙甫 號震川
·取法史記
·唐宋派
·影響晚明小品文、清桐城派
特色
·睹物思人
·以軒明志
耳
① 葺 ㄑㄧˋ 修理
覆蓋 例 採茨葺昔宇
② 緝 ㄑㄧˋ 團聚
搜捕
搓合成線
通「輯」，蒐集
③ 輯 ㄐㄧˊ 聚集 例 甲輯而兵聚
綴合 例 輯以翡翠
④ 楫 ㄐㄧˊ 短槳
⑤ 茸 ㄖㄨㄥˊ 細毛
⑥ 揖 ㄧ 拱手行禮
禮讓
邀請 例 開門揖盜
區
① 嫗 ㄩˋ 老婦＝媼 ㄠˇ
② 傴 ㄩˇ 背傾曲 例 傴僂
③ 謳 ㄡ 歌唱
比
① 仳 ㄆㄧˇ 離別
② 妣 ㄅㄧˇ 已逝的母親
③ 毗 ㄆㄧˊ 連接 例 毗鄰
④ 庇 ㄅㄧˋ 保護

橫線筆記範例

電子筆記工具

現在除了紙本筆記之外，電子設備也可以是一種選項，我後來也較常使用平板來書寫筆記。

平板筆記軟體

撇除硬體設備（平板和觸控筆），這邊想談談軟體的部分。我一開始是使用 Goodnote，當時的 Goodnote 還沒有錄音功能，後來在同學的介紹下，購入 Notability（後來 Goodnote 也有錄音功能了）。當然還有很多其他的筆記軟體，自己用得習慣比較重要。

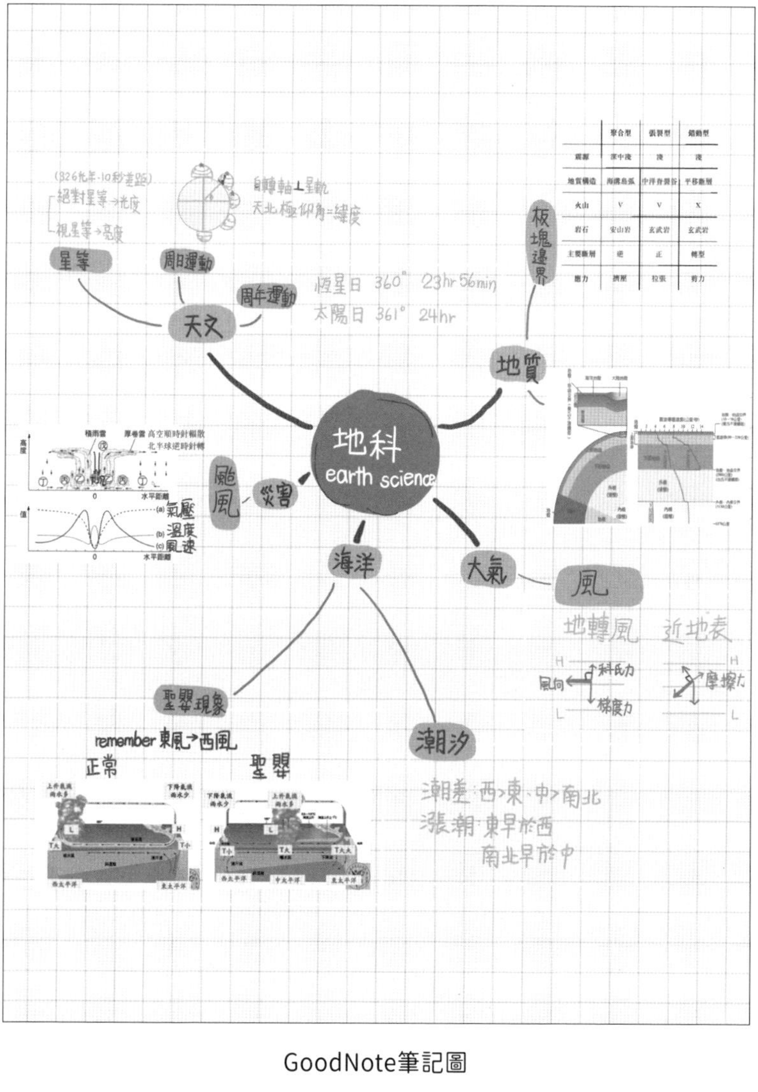

GoodNote筆記圖

電腦筆記軟體

電腦筆記的部分，大部分以 Notion 和 Heptabase 為主，Heptabase 我覺得可以比較直觀地把類似的概念連接在一起，或是可以標示因果關係，較符合我的筆記需求，因為它能將知識進行串接。

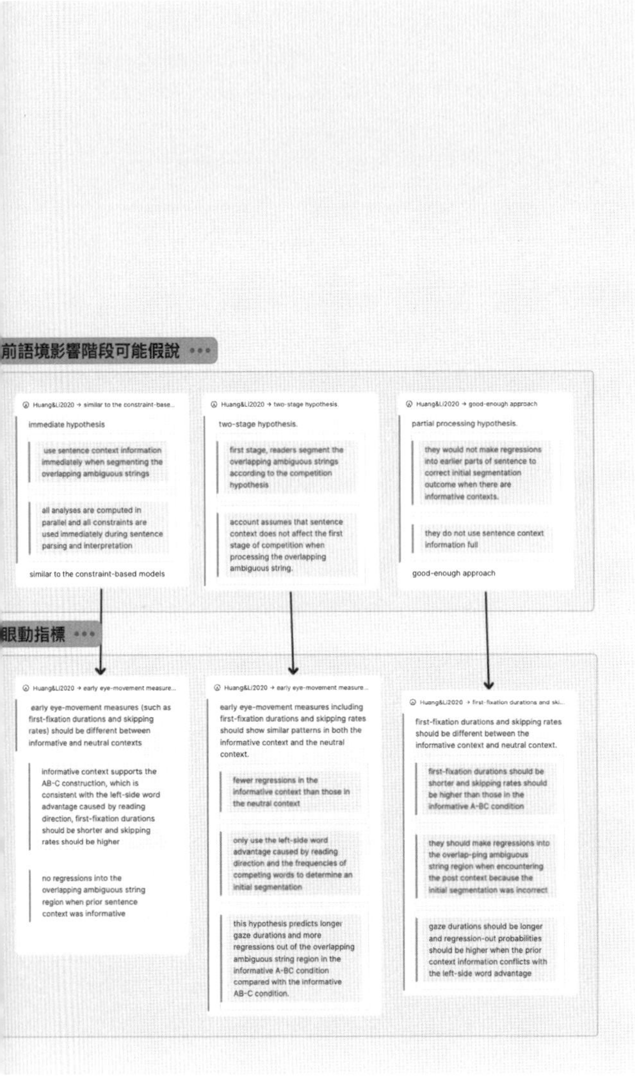
前語境影響階段可能假說
Huang&Li2020 → similar to the constraint-base...
immediate hypothesis
use sentence context information immediately when segmenting the overlapping ambiguous strings
all analyses are computed in parallel and all constraints are used immediately during sentence parsing and interpretation
similar to the constraint-based models
Huang&Li2020 → two-stage hypothesis.
two-stage hypothesis.
first stage, readers segment the overlapping ambiguous strings according to the competition hypothesis
account assumes that sentence context does not affect the first stage of competition when processing the overlapping ambiguous string.
Huang&Li2020 → good-enough approach
partial processing hypothesis.
they would not make regressions into earlier parts of sentence to correct initial segmentation outcome when there are informative contexts.
they do not use sentence context information full
good-enough approach
眼動指標
Huang&Li2020 → early eye-movement measure...
early eye-movement measures (such as first-fixation durations and skipping rates) should be different between informative and neutral contexts
informative context supports the AB-C construction, which is consistent with the left-side word advantage caused by reading direction, first-fixation durations should be shorter and skipping rates should be higher
no regressions into the overlapping ambiguous string region when prior sentence context was informative
Huang&Li2020 → early eye-movement measure...
early eye-movement measures including first-fixation durations and skipping rates should show similar patterns in both the informative context and the neutral context.
fewer regressions in the informative context than those in the neutral context
only use the left-side word advantage caused by reading direction and the frequencies of competing words to determine an initial segmentation
this hypothesis predicts longer gaze durations and more regressions out of the overlapping ambiguous string region in the informative A-BC condition compared with the informative AB-C condition.
Huang&Li2020 → first-fixation durations and ski...
first-fixation durations and skipping rates should be different between the informative context and neutral context.
first-fixation durations should be shorter and skipping rates should be higher than those in the informative A-BC condition
they should make regressions into the overlap-ping ambiguous string region when encountering the post context because the initial segmentation was incorrect
gaze durations should be longer and regression-out probabilities should be higher when the prior context information conflicts with the left-side word advantage

這本書想跟大家分享做筆記的心法和概念，因此上述的軟體還是需要大家自行嘗試、找出適合你的筆記模式。

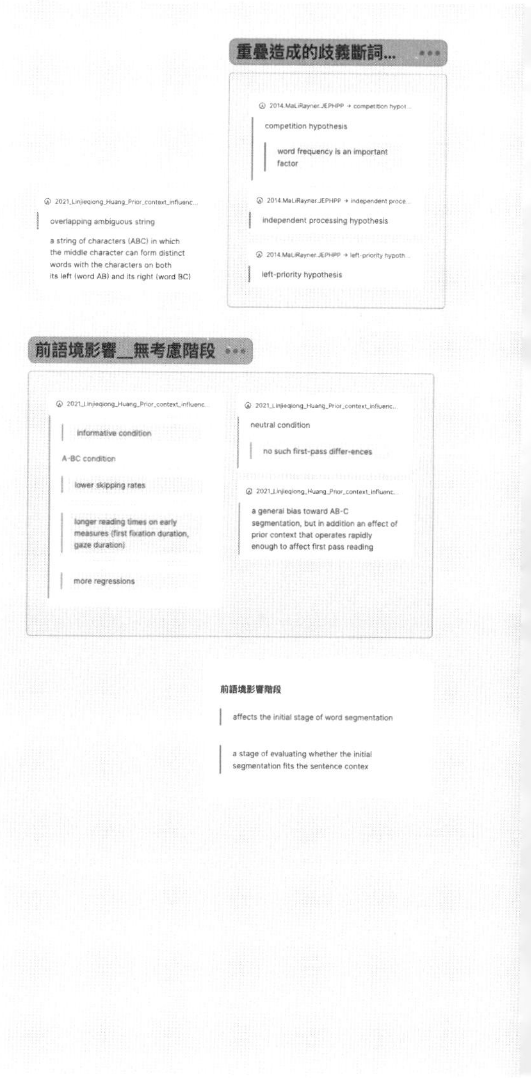

Heptabase筆記

其他小撇步

除了上述的工具挑選，也另外提供給大家一些建議：

選用合適尺寸的筆記本

除了內頁格線樣式之外，另一個我也覺得滿重要的是筆記本的尺寸，我自己通常會用Ｂ５或Ａ５的筆記本，方便攜帶和翻閱，Ａ４紙則是用來做為白紙學習法的工具，這樣才有足夠的空間可以書寫和輸出。

分開寫各科筆記

把每一個科目分開寫的目的是為了方便翻閱與複習，不然全部混雜在一起，會很容易找不到該科的某個概念。我通常會用活頁本的分隔頁把不同科目分開，這樣既可以做到方便攜帶，也能快速查找內容。

連結知識內容

我到大考前會開始將學會的知識做串連，例如，讀到生物的碳循環時想到地球科學，或是寫化學的各項有機物質試驗時，整合在生物課學到的物質分類。這時我會在筆記本寫下「link：××科目○○概念」，甚至會直接標上我的筆記頁碼，方便進行概念的整合。

這項習慣我也一直持續到了大學，例如，我會在讀知覺心理學時想到實驗法如何驗證這個現象，或是讀性格心理學時想起發展心理學教過的觀點。對我來說，將知識進行整合並應用是重要的學習指標。

【物質分類】

↳ 佔有空間、具有質量

- 物質
  - 純物質
    - 元素
    - 化合物
  - 混合物
    - 均勻→溶液
    - 不均勻

純物質：
1. 以化學方法分離
2. 有固定組成、性質、熔沸點

混合物：
1. 可以物理、化學方法分離
2. 無固定熔沸點 LINK：物質三相

概念整合

「同」大家族

同分異構物	同素異形體	同位素（↱位置同）	同系物（LINK：有機）
分子式同 結構式不同	元素同 結構(形狀)不同	質子數同 中子數不同	官能基同 分子式差 CH_2 整數倍
CH_3-O-CH_3 甲醚 CH_3CH_2-OH 乙醇	C 鑽石、石墨(C)、芙(C_{60})、奈米碳管、奈米泡沫 O 氧氣(O_2)、臭氧(O_3) P 白(黃磷)(P_4)、紅磷(P_x) S 斜方硫(S_8)、單斜硫(S_8')、彈性硫(S_x)	^1H氕、^2H氘、^3H氚 ^{12}C、^{13}C、^{14}C ^{16}O、^{17}O、^{18}O	甲烷 CH_4 乙烷 C_2H_6

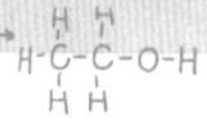

純物質

1. 元素－only 1種原子
   - ■分類
     - (1) 金屬／類金屬／非金屬
     - (2) A族／B族
     - 典型／過渡／內過渡
     - LINK：週期表
   - ■元素之最(常考版)
     - 導電、熱性 No.1金屬：Ag
     - 延展性 No.1金屬：Au

2. 化合物－2 or up 種原子
   - ■特性
     1. 定比定律：元素以一定比例化合成
     2. 形成後，組成元素不具本來的性質
     3. 化學方法分解
   - ■分類
     - 離子化合物 ㊎+(非)
       - ↳ 例外 NH_4Cl 銨根
     - 分子化合物 (非)+(非)
     - 有機－含C*
     - 無機 LINK：有機化合物

那些含碳的無機化合物
1. CO：CO、CO_2、CO_3^{2-}、HCO_3^-
2. CN氰：CN^-、OCN^-、SCN^-
3. 金屬碳化物：CaC_2

概念整合筆記範例

4 進階筆記應用術

講到筆記，你會想到什麼呢？

也許是上篇提及的各種筆記方法，也可能是在記憶中，老師告訴大家「這個很重要，會考，記得寫下來」的環節，但事實上，筆記並不只是如此，接下來我們會聚焦在筆記的種類與實際應用。

課前、課中、課後筆記大不同

筆記其實有很多分類方式，像是用時間分類，在課前、課中、課後的筆記不盡相同，以下會根據我的筆記方法，介紹各種時間點的筆記形式。

一，課前預習：便利貼或二分割筆記

在課前我會將學過的內容整理在課本空白頁，接著再預習內容，找到關鍵詞並確認專有名詞的定義，用便利貼在上面做註記，或是將筆記本的頁面分割成兩半，一半寫內容重點，另一半寫問題與連結過去的學習內容。

二，課中聽講：便利貼或加註筆記

上課時主要是聽講，所以如果課前有先做好二分割筆記，我就會直接在上面加註；如果沒有，則會在便利貼上快速記下問題與重點，方便下課可以馬上問老師或

想到的問題：	內容重點：
爲什麼鈣離子的電荷數是 2+？	八隅體法則……

二分割筆記範本

助教。

課堂筆記的核心是快速記下重點，因此請記得以下原則：

◉聽課優先：

老師講課空檔（喝水、擦黑板）時也可以記錄，或是事先詢問老師是否能夠錄音，以課堂上能將課程內容完整聽進去為目標。

◉先用自己的話寫：

定義類的內容通常都能上網查到，因此用自己的話快速記下來比較重要。

◉善用符號、縮寫：

能用縮寫就先快速記下，如 γ－胺基丁酸縮寫為GABA、功能性磁振造影縮寫為fMRI，或是以符號代替長長的文字，也能減少書寫的時間，分更多時間和注意力在聽課，例如「刺激導致生理激擾」，可以寫成「刺激↓生理激擾」。

在課堂筆記時，美觀是其次，先掌握要記下的內容很重要，可以特別注意老師的語調或是強調會考的地方。

三，課後複習：心智圖或白紙學習筆記

課後筆記我會用心智圖或白紙學習法來檢驗自己是否記得，其中心智圖需要抓出章節架構，而抓架構的方法可以有以下幾點：

◉章節名稱

通常章節名稱很大一部分代表了這章節的核心概念，因此也可以先以章節名稱做為心智圖的主要架構。

◉相似概念連結

製作心智圖可以多多利用想法的

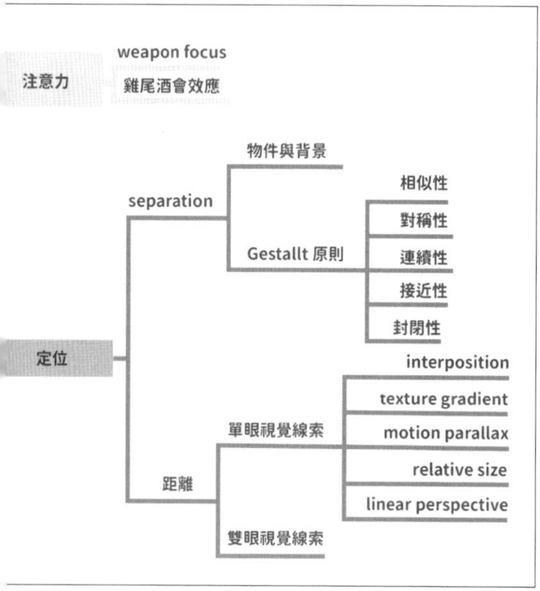

連結，因此我會把相似的概念放在同一張圖上，以關聯線做概念的串連。

◉不同面向切入

一個朝代、學說，或是其他大家知道的知識概念，可以用不同的面向切入，例如若學校正好在上唐朝歷史，就可以從宗教、經濟、政治、文化等角度切入，每一項都可以是一個小標題，再往下延展概念。

課後筆記時，我也會利用表格或是圖表，將內容整理成清楚的呈現方式，也會在課後寫完題目時標上會考的要點，幫助日後複習。

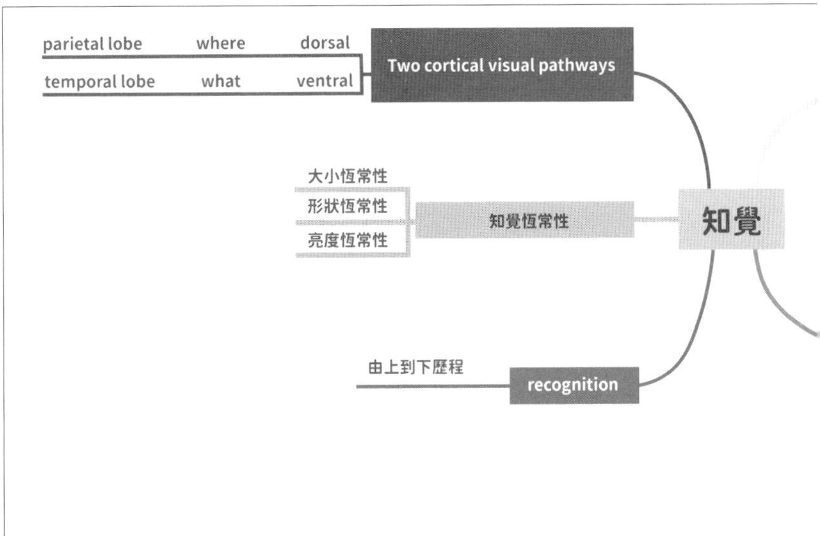

心智圖範例（以Xmind製作）

5 帶著問題做筆記

事實上，筆記其實是一種資料整理的過程，篩選你需要的資料，記下真正重要的資訊。接下來，我會分別以國中歷史、高中地科和論文為例，提出我想到的問題，大家也可以自行拿手邊的教材試試看。

當翻開一本教材時，可以先**帶著問題去讀**。每一個章節都會有自己的核心概念，第一遍可以先快速翻過，然後看一下有沒有不太理解的部分，不論是專有名詞的定義、流程、因果關係等，都能幫助自己在詳細閱讀時，更能抓住要點。

方法一：從標題抓問題

◉〈大航海時代各方勢力的競逐〉

看到這樣的標題，會想到什麼問題？先別急著看我的答案，你可以先試著寫看看：

一：＿＿＿＿＿＿＿＿＿＿＿＿

二：＿＿＿＿＿＿＿＿＿＿＿＿

三：＿＿＿＿＿＿＿＿＿＿＿＿

以下是我列出的問題，大家可以參考看看：

一：大航海時代是什麼時候？為何有這個時代的產生？

二：各方勢力指的是哪些國家？為什麼是這些國家？

三：競逐的目標是什麼？為什麼這個目標這麼重要？

找出問題之後，後續在文本內也可以根據這幾到問題去尋找答案，掌握課文內的重點。

方法二：從內文抓問題

除了看標題可以找問題之外，從內文找問題也是很重要的能力，因為內文的脈絡相對標題來說，完整度高很多。以下改寫自龍騰出版社高中一年級地科課本的天文單元內容，一樣可以先試試看自己找出問題。

在天文學中，觀察星星的亮度是一項基本但重要的研究。這些亮度的測量通常用「視星等」和「絕對星等」來表示，而這些指標能幫助我們了解天體的物理特性。

視星等是指從地球上觀察到的星星亮度。這是一個相對的測量值，表示星星在夜空中看起來有多亮。視星等的數字越小，星星看起來越亮。這個系統最早由古希臘天文學家提出，將肉眼可見的星星按亮度分為六級。

絕對星等則是衡量星星本身亮度的指標，不受距離影響。具體來說，絕對星等是指如果將星星放在距離地球十秒差距（大約三十二．六光年）的位置時，它的亮度是多少。這種標準化的測量使天文學家能夠比較不同星星的真正亮度。距離地球小於三十二．六光年的星體，若移至三十二．六光年的位置，它將看起來比現在暗許多。

亮度和光度是描述天體發光強度的兩個相關概念。亮度是指從地球上觀察到的星星光強度，這與視星等有直接關係。亮度會隨距離的平方反比變化，這意味著距離越遠，亮度越暗。例如，如果一顆星星距離地球兩倍遠，它的亮度將是原來的四分之一。而光度是天體本身的發光能量，與絕對星等相關。光度表示每單位時間內天體發出的總能量，通常以太陽光度做為參考單位。一顆星星的光度取決於其大小和表面溫度，光度越高，星星越亮。

通過理解視星等和絕對星等，以及亮度和光度之間的關係，天文學家可以更深入地研究星星的性質、演化過程以及它們在宇宙中的分布。這些測量方法提供了探索宇宙奧祕的重要工具，使我們能夠一窺宇宙的無窮奇妙。

你想到的問題：

一：

二：

三：

以下是我的答案：

一：亮度和光度的換算式怎麼算的呢？

二：三十二．六光年是怎麼訂出來的？

三：恆星的亮度除了跟距離有關，還受什麼因素影響？

方法三：從現有知識架構抓問題

就讀研究所需要寫論文，而論文是有固定架構格式的學習材料，因此在閱讀其他人的論文之前，就可以抱著以下問題去讀：

- 這份研究的動機爲何？
- 這份研究好奇的問題是什麼？
- 寫論文者用了什麼方法？
- 他的推論過程是什麼？
- 他改良了過去哪些研究不足之處？
- 是否有能再延伸的地方？

透過這個方式可以快速掌握整篇論文的重點，如果各科也有自己的重點，像是語文類可以注意修辭、文法；國文的國學常識、字音字形；生物的例子、機轉要搞清楚；數理則是定義、公式、單位，你也可以帶著這些概念去找重點。

6 超越讀書的人生筆記術

事實上，筆記並不是讀書、考試的專利品，若能善用筆記，學習效果是有可能可以超越書本的。

我認為，手帳就是我的生活筆記，因此會用手帳記錄自己要做的事以及生活的狀態。我會用的格式包含：現成的直式時間軸筆記本、八分割手帳，前者可以記錄睡覺和起床的時間，以及記下需要多久時間完成什麼事，幫助我日後預估每件事所需的時間時，能更貼近真實情況；後者做為待辦事項的紀錄會相當清楚。

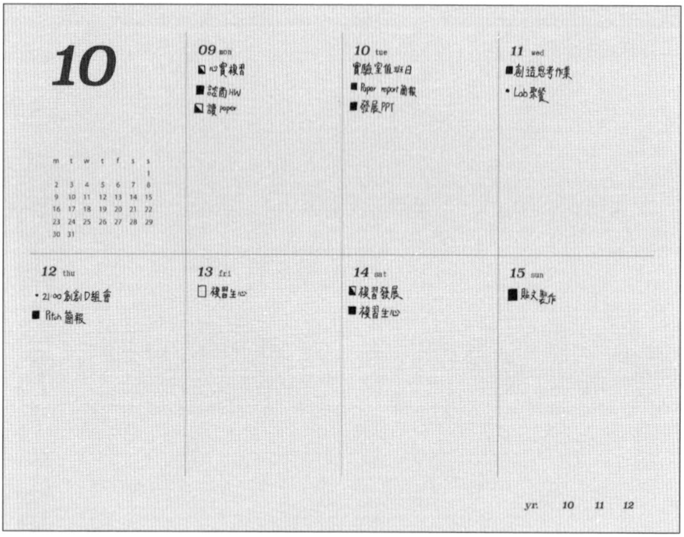

八分割手帳

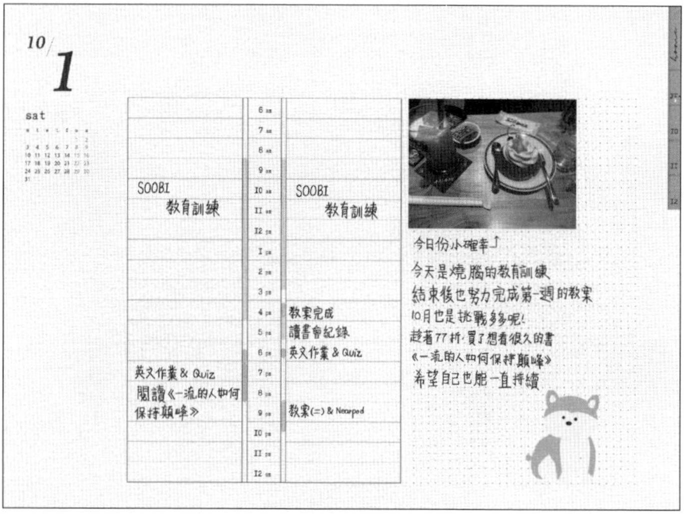

直式時間軸手帳

回顧狀態與目標管理

有了工具，那要怎麼實際運用呢？我會在週日安排一個空白的時段（通常是下午或晚上），先回顧這週的執行狀況，再開始安排下週的「每日計畫」。

有些人會說先大概安排「每週計畫」就好，但我屬於比較容易擔心的人，如果不確定當天要做什麼，就會不知所措，因此我會提前安排事項到每一天的待辦清單中。至於沒有用小時來做安排的原因是，如果突然有其他事情（像是家族聚餐、臨時會議）就很容易讓自己亂了手腳。

到了每週的回顧時間，我會先看一下自己這週照著計畫進行的事件大概占多少比例，意料之外的變動又占多少？原本預計做一小時的事，卻超過一小時才完成，是否出自於高估自己的能力？下一週就會根據前一週的情形做適度調整。我就讀高中時，家教和我分享了一個方法來回顧自己的狀態，叫做SOAP，分別是主觀（Subjective）、客觀（Objective）、評估（Assessment）、計畫（Plan）。

主觀感受像是「寫三角函數時感覺不太會用公式」「今天讀英文關係代名詞時感覺看懂了」，下次複習該章節時，可以馬上知道自己曾經的狀態和遇到什麼問題；**客觀**指的是「哪些單元錯了幾題」「什麼題型的得分率較低」等結果，像是如果是寫非選題特別弱，就可以加強訊息擷取能力等。**評估**可以是針對前面主觀和客觀的結果做出詮釋，例如：寫三角函數時感覺不太會運用公式，可能是因為先前死記公式，沒有了解使用時機等。最後我們

SOAP原則

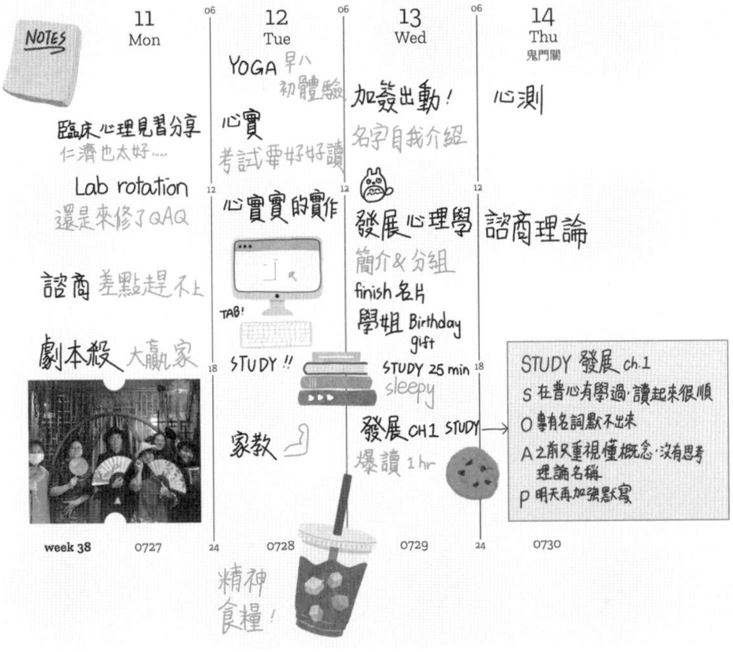

運用SOAP原則，回顧自己的狀態

可以根據你的評估設定**計畫**，像是「寫三角函數時感覺公式不太會用」這個例子中，就可以設定最晚什麼時候之前要複習好各公式的使用時機與條件。

講完回顧狀態，再來是目標管理，我會在每一年年初先設定好自己今年的目標，而在這之前，先要有一項終極目標，例如，終極目標是成為一位具有專業知能的輔導教師，那就需要取得教師資格、擁有專業能力，並持續進修精進自己。而你就可以根據這項終極目標所需要的能力或證書，設定每一年要完成的目標，像是大三開始修師資培育、大四修完課程、考教檢等。

然而有些目標並不像考證照或是有特定測驗這麼明確，像是成為有專業能力的輔導教師，其中可能包含很多種專業能力，像是晤談技巧、創傷知情……族繁不及備載，因此我會就自己在每一階段能接觸到的資源或培育去做安排，例如大學階段擔任志工等。

透過手帳進行目標管理，幫助我在經營人生上更加順利！

Date / /

Part 4

我在少年少女身上看見的事

上大學前我在學習歷程寫下：大學要參與教育部的數位學伴計畫。順利進入政治大學之後，我也兌現了這項承諾。在他們身上學到很多，發現他們都有著出乎意料的共通點，這也呈現了當代莘莘學子的共同困擾。

（本章的故事主角名字與內容皆經改編呈現）

1 「沒有人懂我。」——走出封閉空間

我想先跟大家說說我的故事。

事實上，我在小學時期曾經歷了長達兩、三年的霸凌，對我而言，獨來獨往、裝作不在意是我的鎧甲，我可以一個人完成自然科實驗，也可以花大量時間獨自練習演說，為了逃離緊繃的人際關係，過去的我總覺得「世界上不會有人理解我」。

後來我很幸運地遇到很好的國、高中老師，還有求學路上友善的朋友們，才逐漸走出陰霾，也種下了感激的種子。即使到大學，看似擁有助人力量的我，也常常靠朋友、夥伴的支持，持續走下去。

記得大學的英文老師告訴我們：**「最好的回報是把愛傳下去。」**青少年時期所受到的照顧，成為我後來助人的力量，而童年受過的傷，也使我更願意、

也更能夠理解青少年的傷。

很多時候，這些傷不是肉眼可見、不是來自肢體暴力，卻是真實存在的；有時候，這些傷並不是因為誰不好，或是誰做錯了什麼，而是來自誤會或是不同立場；更有些時候，這些傷來自自己，因為沒辦法接受自己、無法了解自己才有了傷痕。這些傷，有時會隱隱作痛，有時會滲血，有時會用很隱微的方式表現，像是情緒困擾、人際議題，或是網路成癮等，它們不一定是很有張力的衝突，卻往往比衝突影響我們甚鉅。

上鎖的心

每次上課時，總看到菲菲在玩手遊，班上學生數眾多，上課時間顧不了太多人，因此我選擇私下問菲菲。

「我在遊戲裡可以認識很多人啊！老師我跟你說喔，上次我還在這個遊戲裡交到一個網友，後來我們還互換聯絡方式呢！」一開始，我跟其他老師一樣，很擔心菲菲會不會遭遇網路交友詐騙，「最近詐騙很多耶，我前幾天才收到一位朋友的帳號被盜用之後，傳訊息來問我有沒有錢……你不怕被詐騙嗎？」菲菲告訴我：「我不會被騙啦！老師你擔心太多了！」

後來的課程中，菲菲依然興致勃勃地玩著新的遊戲，比起憤怒或覺得不被尊重，我開始好奇為什麼菲菲這麼喜歡手遊。「菲菲，老師沒玩過手遊，你可以跟我分享一下你玩的遊戲嗎？」菲菲聽到這裡，眼睛一亮，開始滔滔不絕地說起遊戲玩法。「聽起來是種團隊遊戲，那身邊的人會跟你一起玩嗎？」我問。菲菲低下頭，告訴我：「班上同學都超級雙面人的，我才不想跟他們一起玩！」在老師們的眼裡，菲菲是沉迷遊戲、不認真上課的「壞學生」，但事實上，菲菲並不是不想跟班上同學互動或交朋友，「上次某位同學請假，平常跟他感情很好的同學就開始說他壞話。」看見人際關係當中的脆弱性，讓菲菲選擇將社交轉到線上、虛擬的世界中。

我修教育社會學時，做的是關於抖音成癮的報告，其中，許多學者認為青少年次文化是青少年建立人際連結，並藉此尋覓自我認同的方式。在臺灣，許多人都把青少年次文化和偏差行為，甚至是青少年犯罪做連結，但事實上，很多孩子並不是問題人物，只是遇到問題的孩子——他們可能在家裡、學校得不到關愛和支持，因而展現出我們認為不適當的行為表現。

根據其他老師的描述，菲菲不是在家暴境遇中長大的孩子，但身處在一個失能的家庭裡、活在童年逆境經驗中，這樣的生長環境導致菲菲特別在乎他人看法，在與人互動時更戒慎恐懼，也難以付出真心。

所謂「童年逆境經驗」是由兩位美國醫師文森．費利蒂和羅伯特．安達調查一萬七千五百多位成年人，針對他們的兒時經歷創造出的量表，包含：情感虐待、肢體虐待、性虐待、肢體忽視、情感忽視、家中成員有藥物濫用情形、家中有心理疾病患者、家中有家人入獄、父母離異或分居、家庭成員遭家暴等。

這些經驗可能會導致身心過度警覺，或是有較高的身體疾病與心理困擾，因此在長大成人後，也有可能會卡在童年的創傷中難以脫身。

身為學生的我能怎麼做？

這個故事裡有很多不同的情況，包含人際相處的困難、遊戲成癮等，但在這些表面的問題之下，都有更深的意涵，可能是我們受制於過往的經驗中，或是所處的系統不夠有支持性。

身為學生，我們可以這樣幫助自己：

一，提醒自己：「我跟以前不一樣了，我有能力穩住自己。」

我們都有可能曾遭遇許多難過和遺憾的事情，但時間過去，那些過不去的事情也成為過去的一部分，現在的自己或許無法改變身處的環境，但**我們可以變得比以前更有力量和想法。**

二，培養安全的關係和尋求支持

我們雖然無法改變家庭，也有可能難以從不良的互動關係中脫身，但可以試著找自己信任的人，建立你的社會支持網，也能提供正向的人際經驗，更有勇氣挑戰與不同的人互動。

三，有意識地做事，對自己的狀況感到好奇

有時，我們發現自己花太多時間在手機或社交軟體上，可能會覺得罪惡或是對自己感到憤怒，如果又產生了「我怎麼為了這種事情生氣」的感覺，很容易影響自我評價，甚至會覺得自己就是個脾氣糟糕或是無法改變現狀的人，進而越來越討厭自己。因此，當你意識到自己的狀態時，**先別急著批評**，好奇地向自己發問：「是什麼讓我這麼想玩手遊？」「是什麼讓我有罪惡感呢？我是不是期待著什麼？」當你找出自己的結，除了好好肯定自己完成不容易的事，也可以找信賴的朋友或師長討論。

身為家長的我能怎麼做？

在教育社會學報告結束後，同學提問：「如果我們未來從事教育工作，或是成為父母，該怎麼避免孩子陷入困境？」我自己的經驗是：「先放下價值判斷、不批評，並帶著好奇去了解、聆聽孩子的想法。」這個方法的目的並不只是為了解決問題，也是為了建立起和孩子的信任關係，有時候，**關係比解決問題更加重要**，也是一項更長久的議題。

前期可以像我問菲菲那樣提問：「老師沒玩過手遊，可以跟我分享一下你玩的遊戲嗎？」或是問問孩子：「是什麼讓你這麼喜歡這個遊戲？」才能進入青少年的世界。中期的時候可以試著釐清問題：「所以你是想要在網路上交朋友，還是贏了遊戲很有成就感？」「那還有沒有其他事情可以讓你覺得『我真的超強』？」「班上的同學呢？你們感情好嗎？」

中後期時，孩子可能會意識到：「雖然很喜歡目前在做的事情，但好像有些對我不太好的地方，像是玩手遊，雖然可以讓我認識更多人，但一旦我沒有碰到手機就會開始焦慮……」這時候可以跟孩子討論，他覺得能怎麼面對和解決，先不直接給答案或是強行禁止，一起討論出答案，讓孩子能更心甘情願地去執行，因為這是他也認同的方案。同時，討論出解方時，也是一種莫大的成就感，而非剝奪感。

後期是改變發生的時機，當發現孩子的進步時，給予實際、明確的肯定是重要的：「我看見你在××上有很大的進步，以前你……現在的你可以……不知道你有沒有發現？這是很好的事情喔！」但也請不要因為「退步」而灰心，因為我們總以為人的改變是線性的，事實上可能需要反反覆覆、跳回原點好幾輪，就像總是嚷嚷著要減肥的你我，可能好不容易堅持了幾週的運動，卻因為吃了一塊炸雞而前功盡棄，因此自暴自棄。

我很喜歡一個比喻，就是人和人之間都是面鏡子，我們會在孩子身上映照出自己的狀態，因此，試圖映照出孩子心中想法時，也別忘了看看自己的狀態，將鏡面擦一擦，才能好好討論與發現真相。

2 從「不可能」到「我會試試」——踏出逐夢路

在學伴計畫中，我習慣在第一堂課問問小學伴他的夢想是什麼，因為**愛與恐懼是驅動一個人前進的動力，而夢想是愛的一種形式。**

朝向夢想飛翔的少女

小玉是我大一上學期配到、就讀體育班的小學伴，在第一堂課時他回答我想當一位體育老師，正當我要回應他時，他緊接著說出：「但我的成績很差，不可能當老師。」這個回答來得很快，就像反射動作一樣，彷彿他已經十分熟悉這樣的回答。「很謝謝你跟我分享你的夢想，這是很棒的想法喔！至於成績的部分，我們可以一起努力看看，也許之後會有所進步喔！」

後續的課程中也可以感受到小玉的認真，特別是當我知道他們一天的訓練時程之後更是敬佩。「我是練柔道角力的，我們每天早上五點半左右就要起床訓練。」「五點半？好早！你都不會累嗎？」「會累，但這是我喜歡的事情，比起累，不能回家更難過。」直到他說出這句話，我才知道他認真上課的背後，除了身體的疲憊之外，還需要克服想家的寂寞情緒，以及「我成績不好，沒辦法達成理想」這樣的無力感。即使這麼累、這麼辛苦，即使總是答不出數學題而受挫，還是堅持每一道題目都要自己再解過一遍，這樣的毅力讓我自嘆弗如，於是也讓我更認真投入課程，在每一堂課的教案中，融入遊戲或是故事情境，希望他能享受這樣的數學課。我們學習辨識他的情緒、學習透過遊戲訓練邏輯思考，漸漸的，在課程的中後段，他告訴我：「雖然不能回家還是很難過，但大學伴你說過，難過也沒關係，哭一哭我就覺得比較好了。」

一學期的「數位學伴計畫」課程時長有十週，說長不長，說短不短，一眨眼就到了學期末，最後一堂課下課前，小玉說他有話想對我說：「謝謝大學伴讓我開始喜歡上數學課。」這句話讓我感到很窩心，但更讓我感動的是他說出這句話時，臉上那充滿自信的微笑，此時我知道，就算未來我們都還是會遇到很多挫折，但他會擁有自己的羽翼，守護著自己、帶領他飛翔，也會讓這樣的力量影響更多人。

青少年的自信議題

這幾年與眾多青少年互動的過程中，我開始發現大多數的學子其實是缺乏自信的，有的會和小玉一樣懷有夢想但否定自己，有的會因此不敢進行探索或不敢做夢。如同我們在前面說過，「信心」這個詞在心理學上稱為「自我效能」，每個人都有自我效能，也就是「我相信自己可以完成某項任務或行為」的態度，當你相信自己能做到，就會讓自己有動機去完成，完成後也會回饋自己的一種控制感，讓自己下次也能放心做任何事。

我們往往會看見自己表現不如預期的面向，忽略自己其實有做得很不錯的領域，但越是緊盯著這些不理想，越是容易摧毀自信心，尤其是當我們把這些不滿意的表現視為自己的全部時，更是會嚴重打擊自信心。

身為學生的我能怎麼做？

除了在 Part 2 的〈賦予錯誤新意義〉這篇提到的方法之外，我覺得養成「成長型心態」對於自信的培養也很有幫助。成長型心態是與固定型心態相反的一種概念，即相信一個人的能力可以透過努力來改變，重視學習目標勝於表現目標，也就是說，對於成長型心態的人而言，重點在於自己學會了什麼，而非考了幾分、第幾名，而且，擁有成長型心態的人認為努力會有回報，因此遭遇挫折時也更具有韌性，可以進行調整以繼續前進。

身為學生的我們可以透過以下方式逐漸培養成長型心態：

第一步：確定自身現況與訂定目標

我在認輔的時候，會在一開始問個案他想談的議題，以及對於這個議題，目前自己的狀態分數（一至十分），還有想達到的分數。我們可以先看看，自己在哪些方面比較偏向固定心態，哪些層面則重視過程中的學習？並且根據這些方向，去評估現在的狀態，以及希望達成的狀態。

在目標訂定上也建議越明確越好，你可以善用SMART原則，這個方法也在第二章的〈拖延不是你不好〉中曾提及。

第二步：持續發展

◉**肯定自己的進步**：看見自己的成長，專注於「我做得不錯」和「還可以更好的地方」。

◉**認知挫敗並不能否定自己的價值**：失敗或挫折並不是因為我們不好，而是處理這件事時遇到了一些阻礙，等待我們去克服。

◉**觀察自己的固定型思維：**要快速改變一個人的心態是非常困難的，因此覺察自己的狀態、了解自己出現固定型思維的時機，並提醒自己調整是重要的一步。

身為家長的我能怎麼做？

很多人以為家長的心態是影響孩子心態的決定性因素，但事實上，比起大人自身的心態，成人如何激勵孩子更影響著他們的心態塑造——當孩子遭遇挫折時，**採取過程導向、注重內容理解與個人進步**，會比起重視結果導向、強調表現或個人能力的激勵做法，更能養成成長型心態。所謂強調表現或個人能力的激勵做法，像是給予成績好的學生獎賞或特權，會使得固定心態被鞏固。

記得我某次學期成績拿了第五名，只差第四名〇・一分，那時的我對自己很失望，但當時爸媽告訴我，重點不是拿了幾分或第幾名，而是選擇自己喜歡的課，好好上課，用自己有興趣的內容充實自我才是重點。而這樣的鼓勵，也影響我去覺察自己對成績的執著，使我開始思考自己的思維是否把成果看得太重，也更願意透過肯定自己不斷努力的過程來養成信心。

因此，不論對於孩子或是自己，都可以試著把**「動機」與「過程」**看得更重一點，我的大學導師曾經說過：「我們的教育常常只看見考試結果，卻忽略了在過程中收獲的事物和學習的初心。」你依然可以回去檢視每一次的挑戰，像是自己做得好的地方、還可以更好的地方，以及怎麼達成自己想要的。

因為我們都還在學習的路上，所以只要一步一步前進就好。

3 「我不再厲害了。」——顛覆自我認知

「我覺得自己跟同學的差距越來越大……我真的不知道怎麼辦。」隔著螢幕，都能感受到小雨的無助。小雨是個認真的孩子，對自己的要求很高，也擁有很棒的目標和夢想，但情緒壓力讓他無法好好專注，思緒時常處於相當紛亂的狀態，光是處理腦袋裡的雜訊就耗費大量體力，焦慮、憂鬱等心理疾病的糾纏更是讓他陷入絕望。

「我真的好想考上目標學校，可是我好像做不到……覺得自己好糟糕，為什麼我身邊的朋友都這麼厲害？我不會的東西，他們都會。」小雨的話，讓我想起高中時的自己。就讀第一志願資優班的我，身邊的同學不是奧林匹亞選訓營選手，就是能力競賽常勝軍，在這些強大同學身邊的我，一直很自卑，總是認為自己很笨，什麼都學不會，也沒有任何強項和優點，這讓國中總是拿前三

名、代表學校參加各項比賽的我徹底崩潰，我開始不了解自己是誰、不知道自己活著有什麼意義，這些想法讓我的生理、心理狀態都拉警報——我開始嗜睡、沒有精力，每天都在放棄的邊緣。

某一次去心理諮商的時候，醫師告訴我：「不要把你的同學視為敵人，他們是你的戰友。」這句話給我一個全新的概念：「或許我根本不需要跟那些同學比較。」那些同儕確實很認真、努力，表現也很優異，但這並不代表我不好，再加上當時朋友也對我不離不棄，我們的關係不會因為我起伏的情緒和外在的成就而改變，這樣的穩定模式成為一股療癒的力量，一直扶持著我前進。

讓我們回到小雨的故事。

「明明跟朋友的會考成績差不多，我甚至還略勝一籌，但現在，我覺得自己已經追不上他們了。」小雨開始陷入了迷茫，不知道自己能往哪裡去、該不該繼續堅持夢想，他其實也知道那些跑在前頭的同學付出很大的努力，但還是覺得很挫敗，他很想繼續努力下去，可是對他目前而言，光是與心理疾病對抗就耗費了大量的能量。

當然，小雨面臨的困境也不只是課業，家庭更是一道跨不過去的檻。對他來說，「穩定的關係」並不存在——他面對喜怒無常的家人、老是歷經變動的時刻，心理越趨不安定。「穩定的關係本身就具有療癒力」但小雨在動盪的環境之中，自尊逐漸瓦解，既得不到正向回應，也使得他無法肯定自己。

生存目標不再只是贏過其他人，還得克服自己的心魔。

艾瑞克森在社會心理發展階段提到青少年的任務是「自我認同／角色混淆」而這也是相當重要的階段，前面我們提過很多關於自信的部分，這邊想跟大家談談角色認同。

其實每個人都同時扮演很多角色，例如爸媽的兒女、學校的學生、社團的幹部、朋友圈裡的開心果……我們對自己的認同常常建立在這些角色上。有時我們對自己的認同是透過跟他人比較出來的，像是「我是我們班最會畫畫的人」「我是我們朋友圈中成績最好的」，當我們不知道自己是誰的時候，常常會尋找浮木，但如果這根浮木很容易被河流沖走，我們又沒有屬於自己的立足點，就很容易迷失，也就是說，這樣的認同是相當不穩固的。

身為學生的我能怎麼做？

一，藉由自己和他人更了解「我是誰」

「我是誰？」不知道你有沒有問過自己這道問題？我在大二修了「諮商與心理治療的理論與實務」這門課，教授當時設計了一個活動叫「背後靈」，這個遊戲是請一個朋友在你身後摸你的肩膀，並持續地問「你是誰？」而你也必須持續回答。

其實一個人對於自己的了解，可能來自個人，也可能來自身邊的環境。社會學家顧里提出「鏡中自我」的概念，認為每個人心中都有許多鏡子，鏡子裡呈現「別人對自己的評價」，像是「我覺得爸媽認為我很任性」或是「我覺得老師喜歡我，覺得我很勤奮」，這樣的「鏡中自我」會影響我們成為什麼樣的人。而社會心理學家周瑟夫．路夫特和哈利．英格漢提出「周哈里窗」的概念，把人分成「開放我」「隱藏我」「盲目我」和「未知我」。「開放我」是自己和別人都了解的部分；「隱藏我」是自己知道但別人不知道的；「盲目我」則是自己看不見，但他人卻知道的部分；「隱藏我」是自己和他人都不知道的部分。

印象中，我是在國中某堂輔導課上初次接觸這項理論，當時老師請我們跟同學討論「自己認識的你」和「別人認識的你」有什麼不同？透過那次的討論，我核對了跟同學的想法差異，也希望自己成為「一致」的人——也就是放大「開放我」。你也可以試試看，找爸媽或朋友討論看看，了解自己在別人眼中的樣子，也思考對自身的了解為何。

二，好好探索自己所愛，了解自身價值觀

最後幫助我在強者如雲的學校裡找到自己的，與其說是心理學，不如說是「我」——後來發現高中讀心理學專書帶給我最大的收穫，並不是裡面的知識，而是我意識到「自己熱中於所愛的事物」和「自己其實有自主學習的能力和強大的動機」。高中的我很喜歡心理學，不需要考一百分、不需要證書證明，也不需要任何讚美，因為我知道自己喜歡這件事，不需要外在的肯定給予動機，

就能擁有很強的內在動機。

　　此外，也從中了解到自己對於未來的發展，擁有我個人的價值觀，希望不論是學業、工作，都能擁有自我學習成長的機會。你可以透過以下的列表，看看自己重視的生涯價值觀是什麼，這也能幫助我們了解自己。

成就	承諾	人際連結
勇氣	創意	效率
樂趣	熱情	專業
誠實	獨立	啟發性
善良	忠誠	樂觀
積極	務實	責任
自律	聲譽	可靠

價值觀列表

三，給自己穩定、持續的回饋

前面提過，穩定的關係是一種療癒的力量，這聽起來很抽象，但仔細想一想，其實我們從小就相當需要精準、穩定的需求滿足，假如一名嬰兒沒有獲得穩定的需求滿足，可能會失去安全感。精準的需求滿足也很重要，想像一下，如果小孩不論尿濕褲子、生病或是受傷，爸媽的處理方式都是以為他餓了，選擇塞食物給孩子，這樣的回應也是無效的。因此，照顧自己的時候，也請**穩定給予有效的回應**，累了就允許自己休息、餓了要準時吃飯，照顧好自己的生理。心理的部分也不容忽視，也許長大之後，越來越少人會誇讚我們，但穩定給自己回饋是很重要的事。每學期參加認輔的期初會議時，督導都會告訴我們，要去找個案的優勢，也要肯定自己做得好的地方。後來，我習慣每天寫三件自己做得很好的事情，以及開心和感恩的三件事，持續鼓勵自己，知道自己其實是擁有能力的。

身為家長的我能怎麼做？

前面提過，青少年的自我認同危機是這個階段裡一個很重要的關卡。除了可以用「周哈里窗」的概念跟孩子討論認同感之外，也可以嘗試以下幾點：

一，鼓勵探索，塑造內在動機

很多人以為「探索」是決定生涯發展或是職業、科系選擇的專有名詞，但事實上，**探索並不只是爲了「選擇」，更重要的是爲了「認識」**，認識自己、認識你的選擇，特別是認識自己，這是一輩子的課題。有時候，重要的不是我們喜歡什麼、不喜歡什麼，而是透過對某些事情的喜好，看見自己的潛力，而這些潛力的發展，會成為內在動機，正向地推動我們，我們也能以更長遠的發展行動。

二、鼓勵溝通及正向討論

我覺得溝通是很重要的環節，只有透過溝通，才能確認彼此的想法。但溝通本身是很難的一件事，因為我們會害怕一不小心說錯話就會傷害到對方，或是情急之下表達不當，讓對方誤會。但一個夠穩固的關係是不怕誤會的，而要達到穩固的關係，就很需要雙方提出自己的想法進行溝通。

回想自己過去與父母的相處，有時候也會因為害怕尷尬、擔心衝突，決定不說、不討論。但開始與學生和家長互動之後就會發現，其實大部分的父母都是用自己的方式在愛孩子，孩子有時候也是用自己的方式在表達，但雙方沒說出口的話就是永遠不會讓對方知道。

我在大一參與系上營隊的時候學會了「我訊息」，開始練習表達想法。「我訊息」的架構是這樣的：**「我感覺（情緒）……因爲（事件）……我覺得（想法）……我希望（期待）……」**例如，我覺得很委屈，因為你誤以為我不支持你參加社團，我覺得自己只是擔心你太累，我希望我們能好好談一談。

大家也可以試著用「我訊息」的方式表達心裡所想的，進而達到正向的溝通與討論。

三，成為孩子的自我照顧典範

督導總是告訴我們：「照顧好自己才有辦法幫助個案。」「自我照顧是倫理要求。」事實上，在其他地方也是這樣，若我心煩意亂，就很難心平氣和地和學生溝通，也很難再容下其他想法，所以在照顧孩子的同時，也請記得照顧自己！

4 如果不這樣做，不會有人注意到我。」——未被滿足的需求

第一次與阿傑見面時，並無發現他有什麼異樣，只覺得他沉浸在自己的手遊世界裡，我也沒有特別留心，只是簡單地打個招呼。在後來的跟課過程中，我發現阿傑常常在課堂上和其他男生起衝突，頑皮的男同學會挑釁阿傑，不論是因為他是低學習成就的孩子，或是因為他的身形相對同齡學生來說更為壯碩。而阿傑也不甘示弱，會拿起水壺或是剪刀，作勢要丟向同學，對老師們來說，阿傑就像隻小刺蝟，用刺來掩飾自己內心比較柔軟的部分。

而阿傑也不是只有被挑釁時會引起老師的注意，他的注意力維持時間較短，會在上課期間動來動去、無法專心聽講，有時他會選擇趴在桌上睡覺，有時會主動挑起爭端，捉弄同學、敲女同學的頭等，讓很多老師很頭疼。

某一次上課，阿傑拿著剪刀，作勢要剪同學的頭髮，被其他老師大聲喝斥——「阿傑！你再這樣老師就拿剃刀把你頭髮剃光！」阿傑的手停下來，旋即趴在桌上，停止動作。這隻小刺蝟縮了起來，讓渾身的刺包裹全身，我走到阿傑身邊，蹲下來說：「阿傑，要不要老師陪你先去外面走走？老師想跟你聊一聊。」他搖搖頭，持續趴著。我知道，要走進阿傑的心變得更困難了。

下課時，我寫了一封信給阿傑，告訴他我看見的阿傑其實是一個很會為自己權益發聲的人，也很直率，他拿著信端詳了一番，默默地收起來。我原本以為這樣的冒昧舉動，會讓他選擇撕掉信件，可是他仔細折好、放進抽屜的行動，好像表示老師的重視能撼動他的心。

那次的營隊到了傍晚時刻，老師們都會聚在一起開會討論學生的情況。當時有位老師突然說到：「這邊的孩子好像很需要老師們的關注。」另一名老師也提到：「可能也是因為在家很少被關注吧！像薇薇不是常常因為父母工作而請假顧家嗎？」我這才豁然開朗，為什麼阿傑會這麼仔細地收好信件，一方面是因為他其實是一名易感的學生，另一方面，他也有被愛與歸屬的需求。

這邊簡單介紹一下馬斯洛的需求理論，主要分為「生理需求」「安全需求」「愛與歸屬需求」「尊重需求」與「自我實現需求」。

「生理需求」指的是人需要溫飽、口渴需要飲水等解決生存危機的需要；「安全需求」則是生活的穩定，包含人身安全、財產安全、家庭安全等；「愛與歸屬需求」則是需要愛、信任以及融入團體；「尊重需求」是被自我或他人肯定；「自我實現需求」是人對於理想的追求、發揮潛能等。比較需要注意的是，基礎的需求並不需要百分之百達到就可以往上追求。但不被同學喜愛、老師也覺得他總是為班上帶來麻煩的阿傑，從愛與歸屬需求就出現危機，而尊重需求更是如此，遑論自我實現需求。而未滿足的需求會影響人的行為，阿傑會在課堂上挑起爭執，除了覺得課程無趣，也有一部分可能是希望老師能注意到他。

身為學生的我能怎麼做？

雖然不容易，但我們可以學習表達自己的需求，或是以不傷害自己與他人的方式表達想法與需要，像是「你這樣說讓我覺得很不舒服，希望你可以尊重我。」「我很在意我們的友誼，希望你也可以重視。」盡量減少肢體衝突，讓問題獲得解決之道。

身為家長的我能怎麼做？

英國心理分析師溫尼考特發現，不完美的父母並不會對孩子造成任何傷害，**世界上沒有完美的父母，只要夠好即可**。而「夠好的父母」的其中一個特點是**重視溝通**，另一個是**充分表達愛意**。溝通能讓孩子不因為想法和父母不同而有違逆父母的罪惡感，充分表達愛意也能讓孩子感受到愛、獲得滿足。

然而，表達愛其實有很多方式，愛之語源自蓋瑞・巧門博士的著作《五種愛之語：享受恆久之愛的祕訣》，歸納了五種愛的溝通方式。雖然他的「愛之語」是從婚姻諮商經驗歸納而來，但我認為這些愛的方式也對孩子有所幫助。有些家長習慣透過禮物來滿足孩子，有些則是服務行動，肯定話語或是肢體接觸也是常有的方式，擁有屬於對方的陪伴時間也有不同的效果，可以從中選擇最適合你和孩子愛的方式。

5 「你能幫幫他嗎？」——來自家長的焦慮

琪琪相當堅持自己的理想，上課也很認真，但焦慮是他的致命傷——總是擔心自己會考不好、考卷會寫不完。後來我和他的父母聊過才知道，其實爸媽也很焦慮：「琪琪是家裡唯一的孩子，我們也不知道該怎麼陪伴或幫助孩子準備考試。」懂事的琪琪為了不讓爸媽擔心，總是否認自己的情緒，但焦慮並沒有因此消失。大考前，我問琪琪會不會焦慮，他告訴我：「老師你不用擔心我，我習慣了，哈哈！」看著他的苦笑，我很是心疼，當我看到他指甲邊緣有嚴重的破皮，心裡更是難受。

「琪琪最近吃了抗焦慮的藥，精神不太好，老師請多包涵！」琪琪的媽媽這樣對我說。「老師，你當年準備考試的時候，爸媽是怎麼幫助你的？」琪琪的父母一直很擔心，怕自己沒辦法幫助女兒達成夢想。

「我覺得琪琪是很有想法的孩子，對自己的目標也很清楚，您能支持他就是很大的力量了。」我接著說：「其實他也是個相當敏銳的人，所以也能感受到爸媽對他的關心和擔憂。琪琪可能會為了不要讓你們擔心，選擇默默完成一切，爸爸媽媽可以試著聽聽琪琪的想法，做為一種壓力的出口。」其實不只是琪琪爸媽，我遇過不少家長也有類似的狀況，他們擔心自己沒有幫到孩子、擔心自己不是「有效能的父母」，也會害怕關心成為孩子的壓力，於是心裡焦急，卻無法言說。

身為學生的我能怎麼做？

如果你也跟琪琪一樣，擔心自己的情緒無法被接納，或是擔心父母無法承受自己的情緒，可以試試看以下方法：

一，嘗試跟父母溝通想法

爸媽可能會因為緊張、著急，想要馬上回應你的話語，如果你希望爸媽聽就好，不用有所回應，可以一開始就說清楚需求。「我想要抒發一下我的情緒和想法，希望你們先不要急著回應我，先用聽的就好，如果有什麼想說的，希望你們能等我講完之後再討論。」把需求說清楚，也會讓爸媽比較有方向。

二，寫日記或找其他心靈寄託

「家家都有本難念的經。」並不是每個家庭都有辦法溝通清楚，或者說，因為溝通是一場雙人舞，只要有一方還沒準備好改變，這樣的變化就很難發生。但我們的情緒還是需要有抒發的管道，我自己的方式是寫日記，好好跟自己對話或是跟信任的朋友聊聊。值得注意的是，當我評估自己的情緒波動比較大的時候，會選擇多找幾個人談，把這些情緒分散，除了能獲得比較大的支持網路，也是避免一個人承受太多責任。

身為父母的我能怎麼做？

在這一小節，我想先以一個學生、一個少女的身分，寫一些想法。

傾聽就是很好的陪伴

很多爸媽擔心自己的回應傷到孩子，選擇閉口不談，或是不確定該怎麼回應比較好，但又擔心孩子。事實上，**傾聽就是很好的陪伴**，有時候不用多說什麼，光是人到、耳到、心到就會讓人有安全感。

不過傾聽並不是一件容易的事，我們在諮商的課程中，光是學習同理心的表現就花了很多時間，以下針對大家比較容易踩到的地雷進行說明。

◉邊滑手機或做其他事

不知道大家有沒有這樣的經驗，當你帶著滿心期待，與朋友分享自己的經歷時，對方卻一邊滑手機，一邊又跟你說「我有在聽」，想想就覺得很掃興，久了也不想再跟這位朋友分享。所以，如果想要傾聽對方的想法，找個時間坐下來專心聽吧！如果目前手邊工作比較多，可以跟孩子說好什麼時候可以跟他聊，明確的承諾會更讓人放心。

◉立刻對孩子的話語、行爲、想法做出價值判斷

「你這樣很不負責任！」「怎麼可以這樣回應人家？」「啊你這樣不好啦，我跟你說你應該……」這些話，你是不是也很熟悉？也許是別人常常這樣回覆你，又或許是自己有時候會在不經意間這樣回覆。如果之前的你被這樣回應，可能會覺得難受，或是覺得被批評、不想跟對方繼續講下去，更糟的是，可能會換來一句「又來了！你不要每次人家講一下就擺張臭臉好不好！」讓人覺得無力。

如果你讀到這裡，發現自己有時候會不小心這樣回話，請不要過度苛責自己，因為**傾聽是需要練習的，不批判也是需要意識和覺察的**，現在你發現了這

件事，就是一個改變的起點，提醒自己之後聆聽他人說話時，先忍著想要回應的想法，不要馬上下價值判斷，因為或許我們在聽完故事之前，都處於不了解的狀態。

看到這邊，也許你會覺得無所適從：「不能回應，那我要怎麼讓對方知道我有在聽呢？」可以試著問：「你願不願意多說一點？」「結果呢？」帶著好奇心、多問一點，或者是摘要對方的話，並問「是這樣嗎？」以確認想法，比起評價，提問代表你有專注在聽。在諮商課程中，我學了很多技巧，但我認為最重要的事情是**專注與好奇**，即使沒有很強大的技巧，但有一顆真正關心孩子的心更加重要。

我們都在學習的路上

不論你是學生還是家長，我想先跟你說一聲「辛苦了」，畢竟不論是什麼身分，我們都還在學習，沒有人天生就會當父母，也沒有人天生就很會與重要他人溝通。

當家教的時候，我最常和家長說的是「聽得出來媽媽也很關心○○……」或是「感覺爸爸其實也努力想要幫助○○」，因為只有把自己照顧好，才有力量去照顧人，而且，其實父母的努力也值得被看見和肯定，因此，不論結果如何，都請好好肯定自己的進步。

Date / /

Part 5

自主學習，享受知識

從一〇八課綱推行之後，自主學習成為教育政策的一部分，學生必須用十八個小時進行學習。但是，不論是當年我身邊的同學，或是現在的學生，常常出現不知所措的情況。在這個章節，我想談一談關於自主學習的心態、方法以及享受知識，成為學習的主人。

1 自主學習只是口號？

曾經有ＩＧ追蹤者問我：「有些人覺得自主學習只是一〇八課綱下，一種浪費時間的產物，你怎麼看自主學習？」對我來說，自主學習並不只是口號，它能不能實踐，取決於我們怎麼看待這件事。

我從國中就開始做科展，高中的專題也獲得臺灣國際科展物理與天文學科一等獎的肯定，成為美國國際科技展覽會的出國正選代表，上大學之後加入實驗室，做認知心理學研究。很多人覺得，從天文物理到心理學，未免也跨太遠！但這正是自主學習的關係，讓我對不同領域都能有所了解。

高中的我，對統計學一竅不通，事實上，這也不在高中的教學範圍，但量化研究勢必需要用到統計模型，因此我開始找相關類書、看影片，了解各種統計的檢定與意義，那段經驗讓我知道，**學習並不只是爲了課業，更是爲了「解**

決問題」，如果只是為了考試而讀，那出了校園，學習便會停滯。

但這不代表在學校的學習是沒有意義的，對我來說，在學校上課是增加自身能耐的方式，也許中學時代的科目並不是你有興趣的，但這些知識都會成為未來發展的基石，而中學時代對學習的體悟也會影響未來的學習模式，甚至我曾覺得「如果連不感興趣的物理，我都可以讀完、做出專題，那或許其他挑戰也是可以克服的」，這樣的方式也能增加效能感。

在這個小節，除了談我對自主學習的想法之外，也想和大家分享自主學習的方法。我常收到學弟妹問我怎麼找資源，事實上在網路世代，很多東西是可以透過影音、文字等方式學習的。關於自主學習的方法，其實大致上和第三章的內容相似，所以也建議大家可以回去複習一下該章節的內容。

自主學習的步驟

自主學習的第一步，是**收集資料**。但這並不是盲目地要你去 Google 大海撈針，畢竟資訊太多、太雜會使人很容易迷失焦點，因此建議大家在收集資料前先思考一下：**「我要拿這份資料做什麼？」**也可以從這個提問釐清，資料應該要找得深，還是找得廣？同時也建議大家了解自己的資料來源，像是所有人都可以編輯的維基百科，就有呈現錯誤資訊的可能性，也可能被惡搞成有問題的資料。

下一步是**整理資訊**。在整理資訊上，可以區分成**主觀想法**與**客觀事實**，了解哪些是筆者的觀點，哪一些則是有考據的結果。同時，整理資訊還有一個重要的環節，就是**摘要與提煉重點**，我們可以從**畫關鍵詞**開始練習。

很多學生會主張，進行閱讀測驗前先看題目再看文本的方法，認為直接從文本找答案最快。之前在史懷哲營隊的培訓上，一位國小老師向我們提到，學生總是想要用「快」的方式來找答案，不僅使閱讀碎片化，題目也沒答對，根本本末倒置。

文本的脈絡是相當重要的，因此嘗試練習畫關鍵詞、找出段落核心，才能了解出自文本甚至超過文本的問題。

事實上，這樣的方法並不只適用於自主學習或是整理資訊，在素養題型的作答上也很有助益。常常會看到學生對素養題很頭疼，特別是學測國文科題目，一旦考填空題或是難以判斷的選擇題，很多人就會在該題拿不到分數。

目前學生常見的困境在於，從小沒有閱讀長文的習慣以及文意理解困難，而文意理解困難可能出自缺乏有效的閱讀技巧，或是缺乏足夠的生活經驗，多接觸是很好的解方，不論是接觸文本、接觸考題，或是各領域的事物、新聞報導，都可以增進對文章的理解。我認為讀書會或是與父母討論閱讀內容，也是能加深理解的做法之一。

身為父母的我能怎麼做？

顏安秀老師在《家庭裡的素養課》一書提到，如果家長希望孩子喜歡上閱讀，但偏偏孩子就是不喜歡，可以想想是不是曾經不小心踩到五大地雷：

◉孤單：不要讓孩子覺得全家只有自己一個人在閱讀

我們家總是擺滿書，除了我和妹妹之外，爸媽也會閱讀，雖然爸媽看的是金融、管理相關的書，但這樣的以身作則也對我影響很大。

◉設限：不要指定書籍與範圍，而剝奪孩子閱讀的自由

從小，我們家會在週末去市立圖書館借書，爸媽從來不會干涉我選了什麼書，有時候看到喜歡的圖畫書，也不會阻止我借來看，對我而言，閱讀是享受的過程。

◉績效：不需要幫孩子設定閱讀目標，破壞閱讀興致

心理學裡有一個理論稱為「過度辯證理論」，這種理論認為，給予獎勵可能會導致人將自己做某件事的動機歸因於獎勵，而非「我自己想做」，也就是過度看重外在動機而非內在動機。因此在閱讀上也可以盡量不設定績效，讓孩子覺得「我閱讀是因為我喜歡」。

◉比較：不要和別人比較或催促閱讀進度

「你看你們班〇〇這次段考拿了一百分。」相信大家都非常不喜歡被比較的感覺，或是被催促，原本想做的事情就瞬間不想做了，因此也希望爸媽不要拿孩子和其他人做比較。

◉干涉：不讓孩子養成依賴習慣，適時地放手，讓孩子自己閱讀

印象中，我從小學二年級開始，就在閱讀張曼娟老師的《成語小學堂》，那是一系列談唐朝詩人的小說，記憶裡，我會等媽媽染頭髮的時間，在美髮院的沙發上讀《胖嘟嘟》這本書，這成為我對童年閱讀的記憶。

總結來說，可以鼓勵孩子閱讀，但也記得給予自主性，讓他自己決定要讀什麼、讀多少，是一個很重要的訓練。

2 通往學習目標

高中時，我參加了SLEK的醫學生體驗營，當時學到的組織學忘得差不多了，營期苦讀的胚胎學更是一點記憶都沒有留下，但從高一第一次參加至今，我都沒有忘記的是那份享受知識，不為了成績而學習的感動——讀著那些高中學測不會考的生理學，看著心電圖的變化，心中卻有一種悸動；沒有學分的學習，並沒有讓同梯次的同學們放棄努力，反而一起做共筆、討論為什麼這個器官的上皮是這樣。雖然我後來並沒有選擇就讀醫藥衛生學群的科系，但在營隊期間對學習的熱愛，卻一直保留到了現在。

「學習目標」與「表現目標」

高中時期，一位臺大心理系的學姊告訴我，要追求精熟目標（或稱學習目標）而非表現目標，也就是**重視自己學會了什麼，而非考了多少分。**

「學習目標」和「表現目標」具體來說，到底是什麼呢？

不知道你還記不記得，我們在前面提過的「成長型心態」和「固定型心態」，這個概念是由史丹佛大學的心理學教授卡蘿．杜維克提出，他認為目標設定可以分成「學習目標」和「表現目標」。

「表現目標」是為了讓學生看起來聰明能幹，而「學習目標」則是不計表現，為了學習而學習；「表現目標」偏向於在課業上表現自己的智力或能力，而「學習目標」則能幫助學生發展持續學習的毅力。追求表現目標的孩子會努力求得好成績，但如果遇到自己做不來的事情，便會害怕失敗，因此拒而遠之；追求學習目標的學生會選擇進行具有挑戰性的事情，並主動解決問題。

那我們又該怎麼做？其實，我們並不是要消滅對表現目標的追求，而是要讓這些目標引領我們前進。此時，「掌握學習動機」就是相當重要的一環，「我現在努力讀書是為了成為一名能幫助個案的心理師」「我想要當法官」，讓我們不為了追求表現而努力，而是為了自己想成為的樣子而奮力向前。

此外，我的大學導師也曾告訴我：「我們的教育體制總是忽略了學生的學習過程和初心，過度重視考試成績，可是學心理學的我們都知道，像考試這樣的成就測驗，往往有很大的 error，在我們測到的 X（考試分數）中，學生的 T（真正實力）是無法被看見的。」

事實上，老師會這樣跟我說，是因為那時的我開始意識到「成績和學習成效的相關好像並不高」，希望能擺脫成績的桎梏，好好重視自己學會了什麼。

大二下學期的心理實驗法需要寫 MATLAB 做為實驗的程式，我可以獨自完成自訂實驗的程式碼，但考默寫實驗程式時，結果卻不如那些無法自訂程式碼的同學，我這才意識到，「學會的」和「考出來」的分數並沒有絕對的關聯性。

即使心理實驗法是我大二所有必修課中成績最低的科目，但我還是很享受這門課的學習，因為這堂課對我來說是相當實用的，例如，在實驗室的會議中，我能運用心理實驗法所學到的低相關原因，回答為什麼這樣的操弄無法呈現我們預期的效果等問題。

用生命願景，勾勒出你的未來藍圖

「可是如果不看考試成績，我要怎麼確定自己真的學會這些內容呢？」一開始的我也有這樣的擔憂，後來我修教育系的課程時，才了解到不同的評量方式其實能了解學生的不同學習面向，並不是只有紙筆評量才能達到檢驗學習的效果。

綜觀以上，現在讓我們先把考試成績擺一邊，一起來思考自己的理想模樣。以下用「我的生命願景」來幫助你進行自我探索，這對勾勒未來的理想藍圖來說，是很重要的一步。

<table>
<tr><td>我的強項能力</td><td rowspan="6">我的生命願景</td><td>我有的專業知識技能</td></tr>
<tr><td>我還不擅長
但想學習的事</td><td>我未來想深入的
專業領域</td></tr>
<tr><td>我的特質</td><td>我的重要經歷</td></tr>
<tr><td>我的核心價值觀</td><td>影響我很深的人事物</td></tr>
<tr><td>易讓我產生壓力的
人事物</td><td>過去遇過的阻礙</td></tr>
<tr><td>壓力下的我如何反應</td><td>未來我想嘗試的事物</td></tr>
</table>

生命願景與個人表現表格範例

上述的表格問題，可以幫助你釐清自己的核心（生命願景）和外圍的表現（知識技能、個人特質、經驗等），全方面了解自己是誰、會做什麼、做過什麼。

除了上面的表格之外，也推薦大家可以搜集他人的回饋，了解在別人眼中的自己，進而覺察自身盲點。

3 用學習歷程檔案，讓學習有所產出

產出是讓自己學習效果更佳的方式，那我們要怎麼進行呢？在這章節我將和你分享我的學習歷程經驗，它是一種學習產出的方式，希望能幫助學生了解如何進行「有意識地學習」。

撰寫學習歷程前的核心思考

首先提供一個概念給大家：學習歷程是冰山的表面，冰山底下則是你的歷程反思，包含學到的知識技能、獲得的經驗想法以及帶來的覺察與省思，因此我們在日常學習的過程，也可以試著思考這幾個面向。

在正式進入學習歷程的寫作之前，想先請問你是否有明確想讀的科系或學群？如果有，那接下來的學習歷程撰寫過程可以根據想讀的科系學群去設計；如果沒有，可以多方探索與學習，找到可能適合自己的學系。

我們在撰寫學習歷程檔案的時候可以思考什麼是我們「撰寫的核心」？我認為學習歷程的核心，一個是前述的歷程反思，另一個是要表達在這個科系中，你是有潛力的學生，也因此，撰寫的核心可以是你的**「特色事蹟」**和**「科系人才需求」**這兩者之間的交集。

比如我申請心理學系時，會思考這個

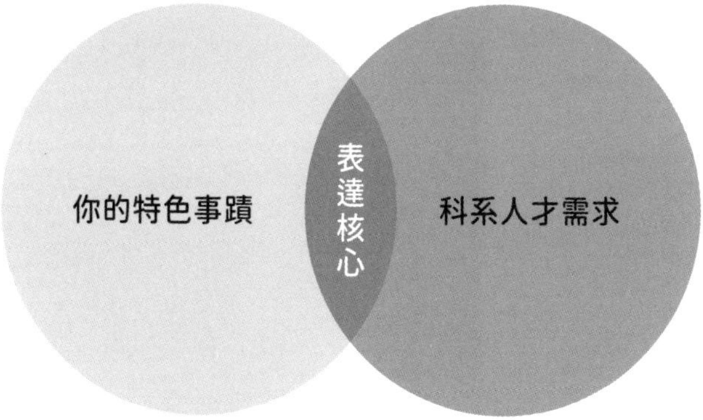

撰寫學習歷程檔案的思考方向

學系需要的是什麼樣的人才，而我又有什麼樣的事蹟。我在高中做的專題雖然是物理與天文學的研究，但跟現今心理學發展趨勢的量化研究也有所交集，所以我在做這份專題時，善用時間、掌握溝通技巧，並學習做研究、查找文獻、擁有科學化思考研究問題的思維，這些都是理學院心理學系學生需要具備的能力。

將架構分級

掌握撰寫重點之後，接下來是內容的編排。以我為例，我的高中學習歷程反思分為「個人特質」與「事蹟」——個人特質分為「自律認真」和「瑩光少女」，代表我能照亮自己與他人；事蹟則包含「專題研究」「自學心理學」「多元發展」「自媒體經營」與「志工服務」，其實每一項都還可以再細分，像是志工服務就包含醫院志工、科學營隊等，建議在開始排版之前，先區分好內容與架構的層級。

同時也請注意，撰寫時盡量不要只寫「我的家庭」「高中生涯」，而是可以給予更細緻的描述，像是「人文關懷：司法精神鑑定探究」等，讓審閱的教授能更快抓到這段的重點。

有了架構之後，內容可以根據**BAR原則**或是**STAR原則**去撰寫。BAR分別是**背景（Background）、行動（Action）和結果（Result）**，STAR則是**情境（Situation）、任務／思考（Task / Thinking）、行動（Action）和結果（Result）**。不難看出，上述的寫法都包含三大基本要素：**動機、行動和收穫**。

撰寫動機時，可以展現你的主動性；行動則是利用一個事例開始講故事，展現你的特色；結果則在實質性收穫和量化成就中表現你的成果。學期間如果因為課業繁忙，無暇製作每一場活動的學習歷程檔案，可以先寫下當初為什麼想參加、印象深刻的故事或經過、最大的收穫等，幫助自己後續製作檔案時，不會遺忘當初的情境，也更能回想當時的學習！

將視覺資訊分級

完成內容與架構分級後，就可以透過視覺的方式將資訊分級，內容層級越重要或越上位的概念，就可以用更強調的方式凸顯，像是粗體會比細體更吸睛、有顏色會比黑色更有印象、字級大的會比小的更容易看到。同時，字體的選用也會影響閱讀，但切勿使用過多種類的字體，以避免過於雜亂。

我當時是使用思源宋體做為標題，芫荽體做為小標題和內文，並用字級區分小標題和內文（我當初的內文是用十四級字，小標題則是二十級字）。如果有需要，也可以適度加入項目符號來幫助閱讀。

將資訊視覺化

視覺化資訊的方法很多，適當地使用可以幫助掌握重點和方便閱讀、留下印象等。當時我申請職能治療學系時，使用了職能治療導論課本中的生活蹺蹺板圖來表示自己過去的困境，就能為這份資料留下深刻印象（尤其是圖表並不能無憑無據，而是要出自學習的內容）。

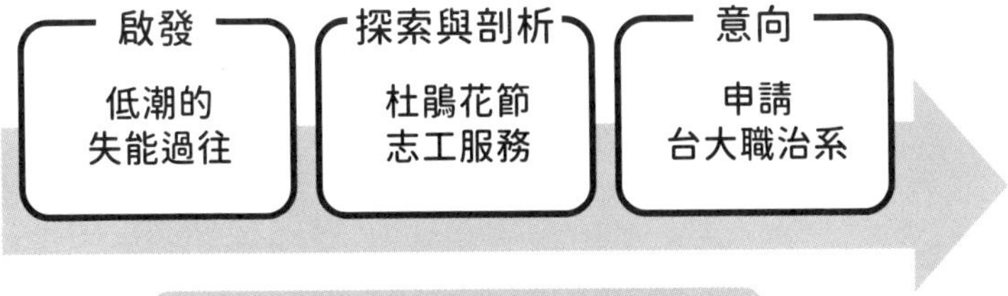

啟發／壓力與那段失能的生活

國三因爲壓力調適問題陷入低落情緒，我的生活像失去平衡的蹺蹺板，無法好好工作，也沒有妥善地自我照顧，只剩下休息和睡眠，那段時間我過著失能的生活，並爲此感到痛苦。因此希望幫助有類似境遇的人。

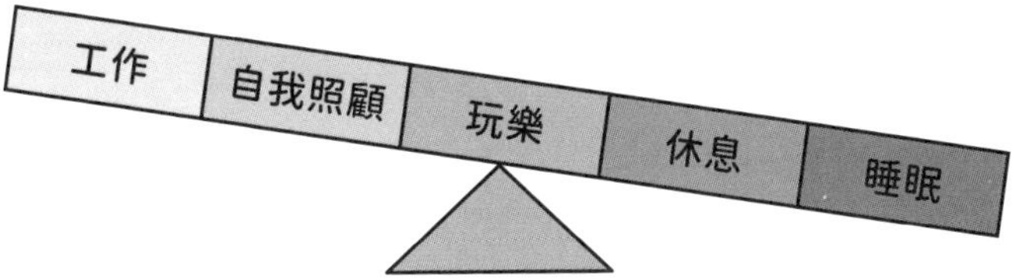

生活蹺蹺板圖例

其他常見的視覺化方法是用 icon，例如我高一的服務學習多元表現，就有使用蜂巢圖和 icon 凸顯自己的學習成長，但記得審慎評估使用，因為並不是用越多越好，而是要讓版面上的每一塊拼圖都有其意義。

蜂巢圖與icon圖例

其他加分技巧

利用小標題可以幫助讀者更快掌握重點，因此小標題應該要有以下特性：

- **能概括整段重點**
- **短而精要**
- **若小標題能跟最後一句話呼應更好**

以我為例，在製作檔案時，我會在每一個主標下再加上一個小標題，幫助讀者能更清楚掌握這段的重點，範例如下：

專題研究：自我精進，不畏困難

原先想要做生物相關的研究，所以一直在尋覓適合的題目。後來發現自己也不排斥天文，所以和夥伴開始尋找天文物理領域的議題。做研究的過程中，除了自己的研究數據分析，背景知識和研究趨勢都得靠閱讀文獻來補齊，於是專題研究培養我的文獻考據能力，同時要兼顧課業和研究也促進我的時間管理。

我在高二開始參加競賽，雖然在北市科展並沒有獲得滿意的結果，我沒有放棄，反而用累積的研究能力，繼續挑戰國際科展，最後獲得一等獎和出國正選代表的資格。

雖然上述技巧可以幫助我們在呈現上能更清楚，也能方便讀者更加了解整份資料的脈絡，但最重要的是，透過撰寫學習歷程檔案，讓你已經有意識地知道自己學會了什麼、展現了什麼能力或特質，並用這份檔案呈現出你的潛力。

4 線上學習時代

隨著時間來到後疫情時代，很多人感嘆我們終於也迎來了線上學習的時代，AI工具的誕生更是讓人確信，線上化已成為趨勢。

然而，不知道疫情期間在家上課的你，學習成效如何？有好好坐在書桌前，跟著老師在數位平臺上的影片或轉播學習嗎？還是其實躺在床上，不知道自己為什麼要掛在線上？平時在學校已經很難專注的你我，到了線上會議室更是心神渙散。

我讀高中的時候發現，明明都是用線上會議取代實體課堂，為什麼和老師討論專題時的我，會比起一般課堂來得更加專注？明明都是「必須完成的事」，一開始的我甚至對自己的專題興趣缺缺，為什麼最終能有一個很好的學習成果？我認為，原因是**「主動性」**。這樣的主動性，來自翻轉教學和探究學習的混合學習。

老師並不會一開始就告訴我們答案，而是讓我們先提出問題，且要試著解釋自己的想法和提出猜測，但這樣的猜測不能是「因為我覺得」，所以我和專題夥伴必須先自行查找資料，不論是從網站上的資料庫分析結果，或是前人的研究論文，都得靠自己主動學習。

我認為「翻轉教學」的成敗，很大一部分取決於主動性。過去的課程也不乏提倡翻轉教學的模式，但最後換來的卻是學生的怨聲載道，當我們對知識不感好奇，沒有主動了解的意願，再多的翻轉教學影片，最後都會淪為敷衍了事。因此，適當的引導和任務是相當重要的，像是我讀高中時，化學老師曾經讓身為新課綱第一屆的我們分組講解參考試卷的化學題組，因為當時我們還沒學完選修化學，因此「自主學習」是必要的過程，而閱讀題組也激發出大家不一樣的好奇，再加上要報告給同學們聽，成為一個教學相長的過程。

「學習是為了解決一些我們遇到的問題」這樣的方式，讓我們學會**「讓學習不再只是應付考試，而是去解答我們想知道的事情」**。

那什麼是探究學習呢？《線上高效讀書法》的作者松永暢史和前田大介認為，探究學習是顛覆過往「記住知識→實踐」的過程，轉而變成「實踐→記住知識」的模式。

我在高三修了一門社會創新的多元選修，學期目標是「讓更多人了解性別議題」，我當時做的是身體意象的概念推廣，透過設計展覽的形式，思考如何進行倡議、了解受眾的痛點，藉此機會學會怎麼傳遞理念，這樣的技能一路到了大學參與競賽都受用無窮。

身為學生的我能怎麼做？

「形成問題」是學習的重要環節，也是線上學習更需要的部分。雖然上面的例子中，大多是以課外的多元表現或是選修課程為主，但事實上，課程學習成果或是課程內容也是可以做到的！而這也可以成為學習歷程的一項紀錄。

舉例來說，高中生一路學習國文的歷程中，應該會學〈大同與小康〉〈小國寡民〉以及〈桃花源記〉等著名的作品，這些作品會展現出不同思想派別對於理想世界的看法，像是〈大同與小康〉談儒家的理想世界，〈小國寡民〉則是道家的理想國，所以，「它們之間的差別在哪裡呢？」「我希望一個國家有什麼面貌？」類似這樣的問題，不僅有助於整理國文科的內容，甚至有機會跨到公民科的法治或是道德等相關課程內容。

理科同樣也可以做到，像我在讀大學時，就用「疫情中的數學」，和小學伴討論統計圖表、機率，甚至用「戴口罩會不會變漂亮」等議題，談及對稱圖形。這些問題都可以從生活、時事中找到，激發自己的好奇與探究能力！

課內的內容做得到，課外更可以辦到。我在高一參與臺大法律系和醫學系合辦的司法精神鑑定講座，開始好奇「大家都說裝成精神障礙的患者就可以隨意殺人、不用負責，這是真的嗎？」開始研讀相關法律與精神疾病診斷的書籍和資料，並和同學一起寫小論文參與競賽。

雖然現在很多人會因為學習歷程需要繳交報告，而開始做探究專題，但希望這樣的學習模式，能貫徹在你的學習當中！

5 定義自己的成功

這本書即將到尾聲，在最後想和大家談談「成功」。

中學階段的我，大概很難想像長大後的自己真的能發揮一點點影響力，事實上，我也曾經覺得自己一無是處，看著身邊優秀的同學們，不是屢屢在能力競賽中得名，就是成績優異、允文允武，我卻連曾經拿手的繪畫都端不上檯面。

學測失利，一心只想把專題完成，也因此沒有考分科測驗，身邊的同學不是臺大就是醫學系，個個都是標準的人生勝利組。

在這樣優秀的同儕之間，我曾經迷失了方向、覺得自己爛透了，一直到了大一還很自卑。可是後來我發現，**在我們眼中那位黯淡無光的自己，可能是別人生命裡的光芒**。一開始參加數位學伴計畫是為了兌現自己在學習歷程自述的承諾；修師資培育、教育學系則是想要精進教學實力，給小學伴更好的呈現；

加入史懷哲營隊、TFT明日學校是想更接近這些學生的心。一切在誤打誤撞下展開，反而從這些經驗中學到了更多，也更知道自己的光在哪裡。

或許我不是在中學時期就很會讀書、考試的學生，但我在大學之後仍不放棄學習，並且以適合我的方式展現自己，縱使沒有每個學期都拿書卷獎，但我了解自己已經學會了多少，這是更加難能可貴的；或許我不是最擅長教學的老師，但我一直努力精進自己，不論是教學或是陪伴，都希望能好好地給予學生們力量。

曾經有位小學伴告訴我：「謝謝大學伴讓我知道，即使現在我沒有那麼喜歡自己，但是我也可以慢慢學著接納自己。」還有太多太多故事以及很多很多改變正在發生，這又何嘗不是另一種形式的成功呢？

童年的我們被教導要乖、要考第一名、要當模範生才是成功，中學的我們被叮囑，唯有考上好高中、好大學才是成功，大學則是要考上好的研究所或是要拿到很好的實習、工作才算成功。可是什麼才是你真正重視的事呢？過去我也一直覺得，只有拿了書卷獎，才不會被看不起，才不算不務正業，但後來我才知道，**做好自己重視的事，才是我眞正想要的。**「與其自己綻放，不如攜手共好」是我認為的成功，而我也相信自己正走在這條路上。每個人都可以有各自不同的定義，走出屬於自己的道路。

當然，即使是現在，有時我還是會羨慕中學時期的優秀同學們，但我不再想成為他們了，因為我也會成為自己理想中的樣子。

所以，希望看到這裡的你們，也可以找到自己想成為的模樣，並一步一步前進吧！這個模樣並不一定要是一種職業、科系或是身分，可以是你的價值觀或是理想的狀態，讓這份憧憬引領我們繼續昂首闊步吧！

後記

老實說，寫這本書的路途並不順利，中間曾經因為主題緣故而全部重寫，同時我也必須在這一年內，同時兼顧學業和研究計畫，更是花了很多時間和更多青少年建立連結。可是越是在這條路上走，就越確定自己一定要把這本書寫完，一方面是看見更多少年、少女的困境和優勢，另一方面是在這一年內受到很多鼓勵，讓我知道自己的故事是能給予人力量的。

「聽過乙烯很多場關於學習歷程的演講，每一次都收穫良多，也能感受到你對自己喜歡的領域、興趣中的熱情和專注！希望未來乙烯能持續帶給迷茫的高中生能量與方向！」這是寫這本書的期間，某一次演講後收到的回饋，回饋者是一位高中老師。那時我剛好在考期末考，還有教案要寫，同時在一週內有兩場演講，書稿的進度也令人堪憂，在那時收到這樣的回饋，讓我確信自己的經驗能為更多人創造價值，也才在初次和編輯討論之後，將近一年內完成書稿。

有時候，我也會懷疑自己有沒有資格出版這本書，但還是希望能分享這些故事，讓更多人願意一起學習成長。我不是世界上最優秀的人，但也不需要是，只要是自己喜歡的樣子就可以了，因為我相信自己會持續成長茁壯、持續前行。

這本書送給每一位曾與我相遇、相知、相惜的少年、少女們，謝謝你們帶給我這麼多感動和力量，謝謝你們的信任與支持，如果沒有你們的鼓勵，就沒有這本書。

最後，想用我之前寫的一首詩〈給：不相信自己的你〉作結：

你總是全力以赴，面對所有的事情都想做好
你總是無法好好肯定自己
也婉拒他人的讚許，因為不認為自己值得
就在這樣日復一日奔馳之下
你完成了好多好多，那些不曾想像過的

讚美別人時，你毫不吝嗇
你看見他們身上閃閃發亮的部分
在他們認為自己黯淡無光時
你相信是塵埃蓋住了他們的優勢
也因此花很多時間去陪伴他們找到自己

你深知自己是幸運的
因此希望把力量傳遞給更多人
希望這世界共榮共好

雖然還沒辦法百分之百相信自己
可是希望你也能用溫柔的眼光
看見自己的優勢和努力
也許無法相信自己很優秀

但請不要否定自己的努力
因為你總是認真在生活
而這樣的認真，點亮了另一個人的眼

試著反駁自己的質疑
像是婉拒他人肯定那樣的
對質疑說「但我覺得我其實滿努力的」
我不是最棒的人，但是很努力的自己
這不是證明題，你不需要向誰提出證據
追逐星辰的路上，也請看見自己留下的足跡
飛越困難的每一步，一切都不容易
慢慢來，一點一點走近自己，像對他人那樣
你會走到自己的天明

祝福每一個讀到這裡的你，都能找回自己、找回學習的熱情與快樂。

(2018). Learning how to learn: how to succeed in school without spending all your time studying . TarcherPerigee.

⑧ Steel, Piers. (2007). The nature of procrastination: a meta-analytic and theoretical review of quintessential self-regulatory failure. Psychol Bull 133: 65-94. Psychological bulletin. 133. 65-94. 10.1037/0033-2909.133.1.65.

⑨ Stulberg, B., & Magness, S. (2019). The passion paradox: a guide to going all in, finding success, and discovering the benefits of an unbalanced life (First edition.). Rodale.

⑩ Zhang, S., Verguts, T., Zhang, C., Feng, P., Chen, Q., & Feng, T. (2021). Outcome Value and Task Aversiveness Impact Task Procrastination through Separate Neural Pathways. Cerebral cortex (New York, N.Y. : 1991), 31(8), 3846–3855. https://doi.org/10.1093/cercor/bhab053

參考資料

① 陳志恆（2023）。陪伴孩子高效學習。臺灣：天下文化。

② Berk, R. A. (2018). Grit 2.0: A Review with Strategies to Deal with Disappointment, Rejection, and Failure. Journal of Faculty Development, 32(2), 91+. https://link.gale.com/apps/doc/A626042559/AONE?u=anon~918594df&sid=sitemap&xid=2fe78a51

③ Chapman, G. D. (2010). The five love languages. Walker Large Print.

④ Csikszentmihalyi, M. (1990). Flow: the psychology of optimal experience. New York, Harper & Row.

⑤ Dweck, C. S. (2006). Mindset: The new psychology of success. Random House.

⑥ Hu, Yue & Peiwei, Liu & Guo, Yiqun & Feng, Tingyong. (2018). The neural substrates of procrastination: A voxel-based morphometry study. Brain and cognition. 121. 10.1016/j.bandc.2018.01.001.

⑦ Oakley, B. A., Sejnowski, T. J., McConville, A., & Young, O.

Eurasian Publishing Group
圓神出版事業機構
用心與你對話．視野無限寬廣
究竟出版社
Athena Press

www.booklife.com.tw
reader@mail.eurasian.com.tw

New Brain 043

學霸筆記術：抓住重點，超越讀書的人生祕笈

作　　者／乙烯
發 行 人／簡志忠
出 版 者／究竟出版社股份有限公司
地　　址／臺北市南京東路四段50號6樓之1
電　　話／（02）2579-6600．2579-8800．2570-3939
傳　　真／（02）2579-0338．2577-3220．2570-3636
副 社 長／陳秋月
副總編輯／賴良珠
專案企畫／尉遲佩文
責任編輯／歐玟秀
校　　對／歐玟秀．柳怡如
美術編輯／蔡惠如
行銷企畫／陳禹伶．鄭曉薇
印務統籌／劉鳳剛．高榮祥
監　　印／高榮祥
排　　版／陳采淇
經 銷 商／叩應股份有限公司
郵撥帳號／18707239
法律顧問／圓神出版事業機構法律顧問　蕭雄淋律師
印　　刷／祥峰印刷廠
2024年10月　初版
2025年8月　6刷

定價310元
ISBN 978-986-137-458-1

「與其說我們的幸福取決於口袋裡有什麼，倒不如說取決於腦袋裡有什麼。」

——《正是時候讀叔本華》

國家圖書館出版品預行編目資料

學霸筆記術：抓住重點，超越讀書的人生祕笈／乙烯 著.
-- 初版. -- 臺北市：究竟出版社股份有限公司，2024.10
208面；14.8×20.8公分. --（New Brain；43）
ISBN 978-986-137-458-1（平裝）

1.CST：筆記法 2.CST：讀書法 3.CST：學習方法

521.1 113012365